HELLO
SNOW

JULIA CAWLEY
SASKIA VAN DEELEN
VERA SCHÄPER

HELLO SNOW

Kochen Lesen Genießen

JAN THORBECKE VERLAG

INHALT

DAS EIS IST GEBROCHEN

Hello Snow heißt den Winter willkommen. Dieses Buch ist eine Liebeserklärung an die kalte Jahreszeit, die uns so viel Muße spendet. Während draußen die Temperaturen sinken, die Tage kürzer werden und die Straßen sich leeren, spielt sich das Leben mehr und mehr hinter verschlossenen Türen ab. Bei Kerzenschein und vor dem bullernden Ofen kehrt Ruhe ein und zugleich die Lust darauf, Neues auszuprobieren. Wann, wenn nicht jetzt?

Die Welt um uns herum, eingehüllt in einen weißen Wattebausch, scheint fast still zu stehen und die Küche wird zum willkommenen wie geselligen Rückzugsort. Die Winterküche feiert Saison und mit ihr eine vitamin- und abwechslungsreiche Ernährung, unter anderem dank Winterkohlgemüse wie zum Beispiel Wirsing, Rosen- oder Rotkohl. Und bei einer so abwechslungsreichen Küche darf es für die Seele gerne auch mal Schokolade oder duftendes Weihnachtsgebäck sein.

Ausgewählte Rezepte korrespondieren in diesem Buch mit visuellen Eindrücken der einzigartigen Landschaft Lapplands und nehmen den Leser mit auf eine Reise der Sinne. Ein Buch zum Zurücklehnen und Genießen.

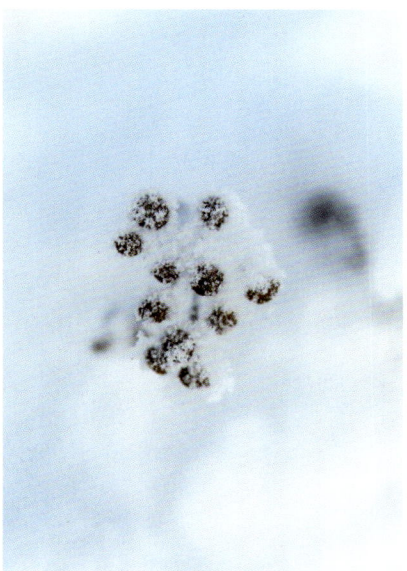

ENTSCHLEUNIGUNG
NATUR IM WINTERSCHLAF
WEISSE PRACHT
KALTGEMÄSSIGTES KLIMA

WO SELBST DER SCHNEEMANN MAL EIN AUGE ZU MACHT

GANZ LEISE FALLEN DIE
FLOCKEN AUF DIE ERDE, UM-
HÜLLEN SIE MIT EINER WEISSEN,
GLITZERNDEN PULVERSCHICHT.

Ein Meer aus feinen Eiskristallen bedeckt die Welt
und taucht sie in ein weißes Wintermärchen.
Alles Laute verflüchtigt sich. Die Natur scheint den
Atem anzuhalten. Das einzige Geräusch stammt
vom Schnee, der im immer gleichen Rhythmus unter den Füßen knistert, und von den Bäumen,
die unter dem Gewicht der Schneeschichten leise
ächzen. Zeit zur Besinnung, zum Auftanken. Zeit,
zu sich selbst zu finden. Über allem erstrahlen im
hohen Norden in den Wintermonaten die Polar-
lichter, kleinste Eruptionsteilchen der Sonne, die in
die Erdatmosphäre gelangen, sich in kleinen
Fetzen am Himmel bewegen und aufleuchten. Je
dunkler es ist, desto stärker sind die Farben des
Lichtes: fluoreszierende, grüne bis violette Farben.

DIE ZEHEN SIND TAUB, DIE NASE
GEFROREN, DER KÖRPER
ZITTERT.

ABER TROTZDEM WILL ICH
NOCH DAS LETZTE UND DAS
ALLERLETZTE BILD UND DAS
ALLERALLERLETZTE BILD
MACHEN.

JULIA CAWLEY, FOTOGRAFIN

LECKERES NACH DEM

WINTER SPAZIER GANG

ZUM AUFWÄRMEN NACH
FROSTIGEN TEMPERATUREN

APFEL-ORANGEN-
PUNSCH
FÜR 4 GLÄSER

ZUTATEN

1 SÄUERLICHER APFEL

800 ML APFELSAFT

1 UNBEHANDELTE ORANGE

2 ZIMTSTANGEN

2 GEWÜRZNELKEN

4 STERNANIS

60 ML RUM

ZUBEREITUNGSZEIT

10 MINUTEN

ZIEHZEIT

10 MINUTEN

Den Apfel schälen und das Kerngehäuse entfernen. Den Apfel in kleine Würfel schneiden und in einem Topf mit 100 ml Apfelsaft kurz aufkochen. Die Apfelstückchen 5 Minuten köcheln lassen, bis sie weich sind. Anschließend die Hitze reduzieren. Die Orange heiß abwaschen, trocken reiben und schälen. Die Schale in den Topf geben, mit dem restlichen Apfelsaft auffüllen. Gewürze hineingeben und den Rum angießen. 10 Minuten ziehen lassen.

Gläser mit dem Apfel-Orangen-Punsch auffüllen. Gewürze und Schale nach Belieben in den Gläsern lassen oder vorher entfernen. Die Apfelstückchen mit einem Löffel aus dem Glas fischen und essen.

– TIPP –

EINIGE SCHEIBEN FRISCHER INGWER IM GLAS SIND
GESUND UND SORGEN GESCHMACKLICH FÜR
ABWECHSLUNG. FÜR EINEN KINDERPUNSCH EINFACH
DEN RUM WEGLASSEN.

CHILI CON CARNE
MIT ZIMT UND DUNKLER SCHOKOLADE
FÜR 4 PORTIONEN

ZUTATEN

1 ROTE CHILISCHOTE

2 KNOBLAUCHZEHEN

1 ZWIEBEL

2 EL ÖL ZUM BRATEN

600 G RINDERHACK

1 TL KREUZKÜMMEL

½ TL ZIMT

1 TL GETROCKNETER MAJORAN

3 EL TOMATENMARK

800 G DOSENTOMATEN

300 ML RINDERBRÜHE

SALZ

PFEFFER

1 DOSE KIDNEYBOHNEN (500 G

ABTROPFGEWICHT)

4 STÜCKE (CA. 40 G) DUNKLE

SCHOKOLADE (70 % KAKAO)

4 EL SCHMAND

ZUBEREITUNGSZEIT

45 MINUTEN

Die rote Chilischote längs halbieren, Kerne entfernen und Trennwände herausschneiden. Das Fruchtfleisch waschen und in feine Würfel schneiden. Knoblauchzehen und Zwiebel schälen und fein würfeln.

Das Öl in einem Topf erhitzen und Zwiebel- und Knoblauchwürfel darin bei mittlerer Hitze glasig anschwitzen. Das Rinderhack zugeben und mitbraten. Dabei das Fleisch mit einem Pfannenwender krümelig zerteilen. Chili zugeben, mit Kreuzkümmel, Zimt und Majoran würzen und ca. 2 Minuten mitbraten. Das Tomatenmark gut unter das Rinderhack mischen und weitere 2 Minuten braten.

Die Dosentomaten klein schneiden, mit der Rinderbrühe in den Topf geben, umrühren, salzen, pfeffern und das Ganze 20 Minuten bei mittlerer Hitze köcheln lassen.

Inzwischen die Kidneybohnen in ein Sieb geben, abspülen und abtropfen lassen. Zum Chili geben und weitere 10 Minuten köcheln lassen.

Nochmals mit Salz und Pfeffer abschmecken und kurz vor dem Servieren die Schokolade darin schmelzen lassen. Einen Esslöffel Schmand auf jede Portion geben oder dazu reichen.

WÜRZIGES BROT
MIT GETROCKNETER TOMATE

FÜR ZWEI KLEINE BROTE

ZUTATEN

250 G WEIZENMEHL TYPE 550

250 G ROGGENMEHL TYPE 1150

1 TL SALZ

1 PRISE ZUCKER

20 G FRISCHE HEFE

350 ML LAUWARMES WASSER

20 G GETROCKNETE TOMATEN

OLIVENÖL ZUM BESTREICHEN

FLEUR DE SEL

AUSSERDEM

EINE FEUERFESTE SCHALE
MIT WASSER

ZUBEREITUNGSZEIT

20 MINUTEN

GEHZEIT

2 STUNDEN

BACKZEIT

20 MINUTEN

Beide Mehlsorten mit dem Salz und der Prise Zucker gut vermischen. Die Hefe in eine kleine Schale bröseln, mit lauwarmem Wasser angießen, verrühren und 10 Minuten gehen lassen. Anschießend zur Mehlmischung geben und gut durchkneten. Den Teig zu einer Kugel formen. Getrocknete Tomaten klein schneiden.

Eine Schüssel mit Olivenöl leicht ausfetten, die Teigkugel hineingeben und abgedeckt 90 Minuten an einem warmen Ort gehen lassen. Anschließend den Teig nochmals durchkneten, die getrockneten Tomatenstückchen untermischen, den Teig zu zwei Brotlaiben formen und auf ein mit Backpapier ausgelegtes Backblech legen. Mit einem Tuch abdecken und nochmals an einem warmen Ort 30 Minuten gehen lassen.

Den Backofen auf 200 °C Ober-/Unterhitze vorheizen und eine Schale mit Wasser auf den Boden stellen.

Die Brotlaibe mit Olivenöl bestreichen und Fleur de Sel darüberstreuen. Das Backblech in die Mitte des heißen Ofens schieben und die Brote 20 Minuten goldbraun backen.

– TIPP –

CHILIFLOCKEN, NÜSSE, THYMIAN ODER ANDERE
TROCKENE GEWÜRZE IN DEN TEIG
MISCHEN – SO KANN MAN ZWEI VERSCHIEDENE
BROTE MIT UNTERSCHIEDLICHEN
GESCHMACKSRICHTUNGEN SERVIEREN.

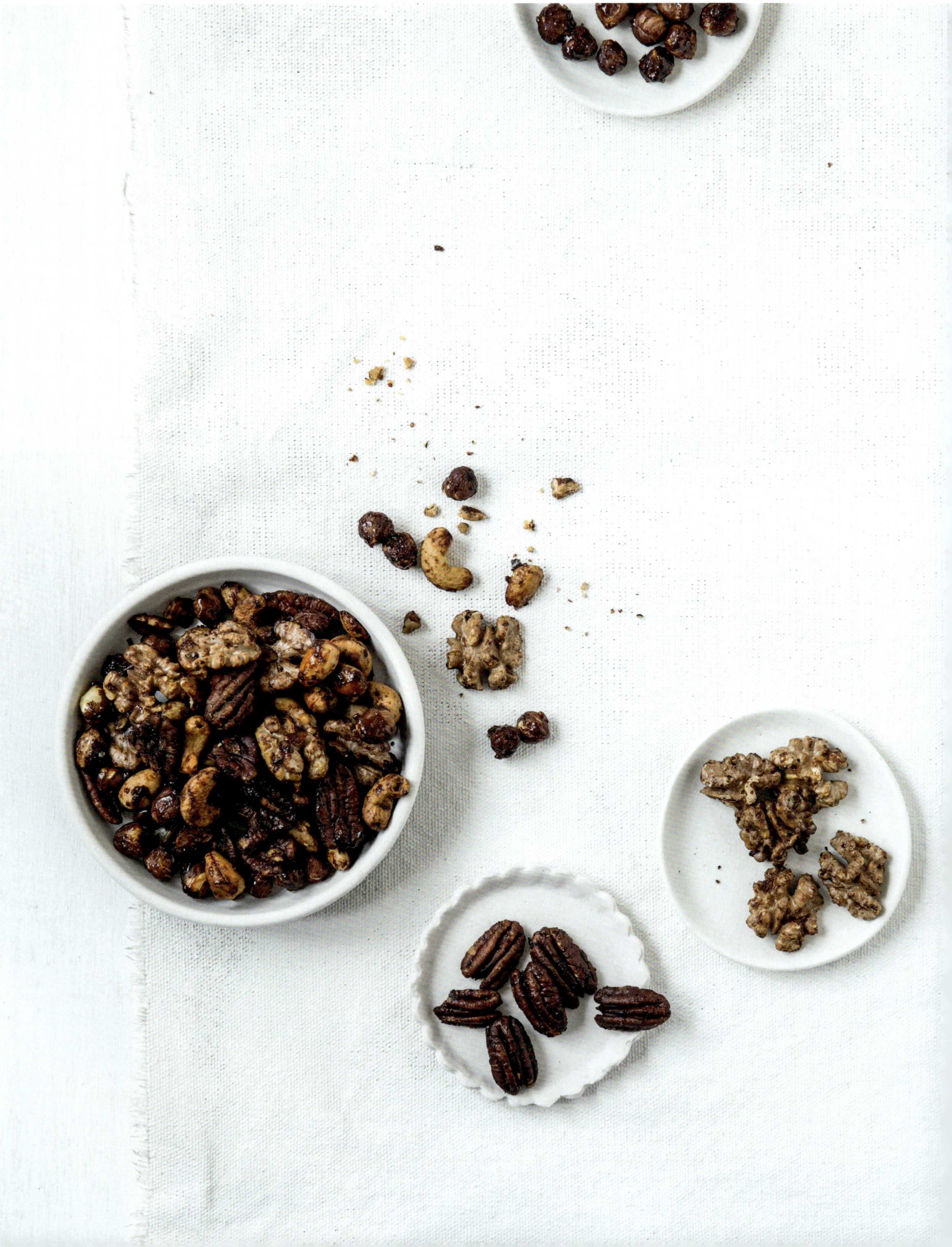

PIKANT
GERÖSTETE NÜSSE
FÜR 10 PORTIONEN

ZUTATEN

100 G CASHEWNÜSSE

100 G BLANCHIERTE MANDELN

100 G PEKANNÜSSE

100 G WALNÜSSE

100 G HASELNÜSSE

20 ML SONNENBLUMENÖL

2 EL FLÜSSIGER HONIG

1 TL KREUZKÜMMEL

1 TL PAPRIKAPULVER EDELSÜSS

FRISCHER SCHWARZER
PFEFFER AUS DER MÜHLE

½ TL CHILIFLOCKEN

1 TL SALZ

ZUBEREITUNGSZEIT

30 MINUTEN

Backofen auf 190 °C Ober-/Unterhitze vorheizen.

Nüsse und Mandeln mit Sonnenblumenöl und Honig mischen, Gewürze zugeben und möglichst gleichmäßig auf einem mit Backpapier ausgelegten Backblech verteilen.

Das Backblech in die Mitte des heißen Backofens schieben, 10 bis 15 Minuten backen und gelegentlich mit einem Holzlöffel umrühren. Aus dem Ofen nehmen und vollständig abkühlen lassen.

– TIPP –

DIE NÜSSE KÖNNEN AUCH MIT ANDEREN
GEWÜRZMISCHUNGEN WIE CURRYPULVER
GERÖSTET WERDEN.

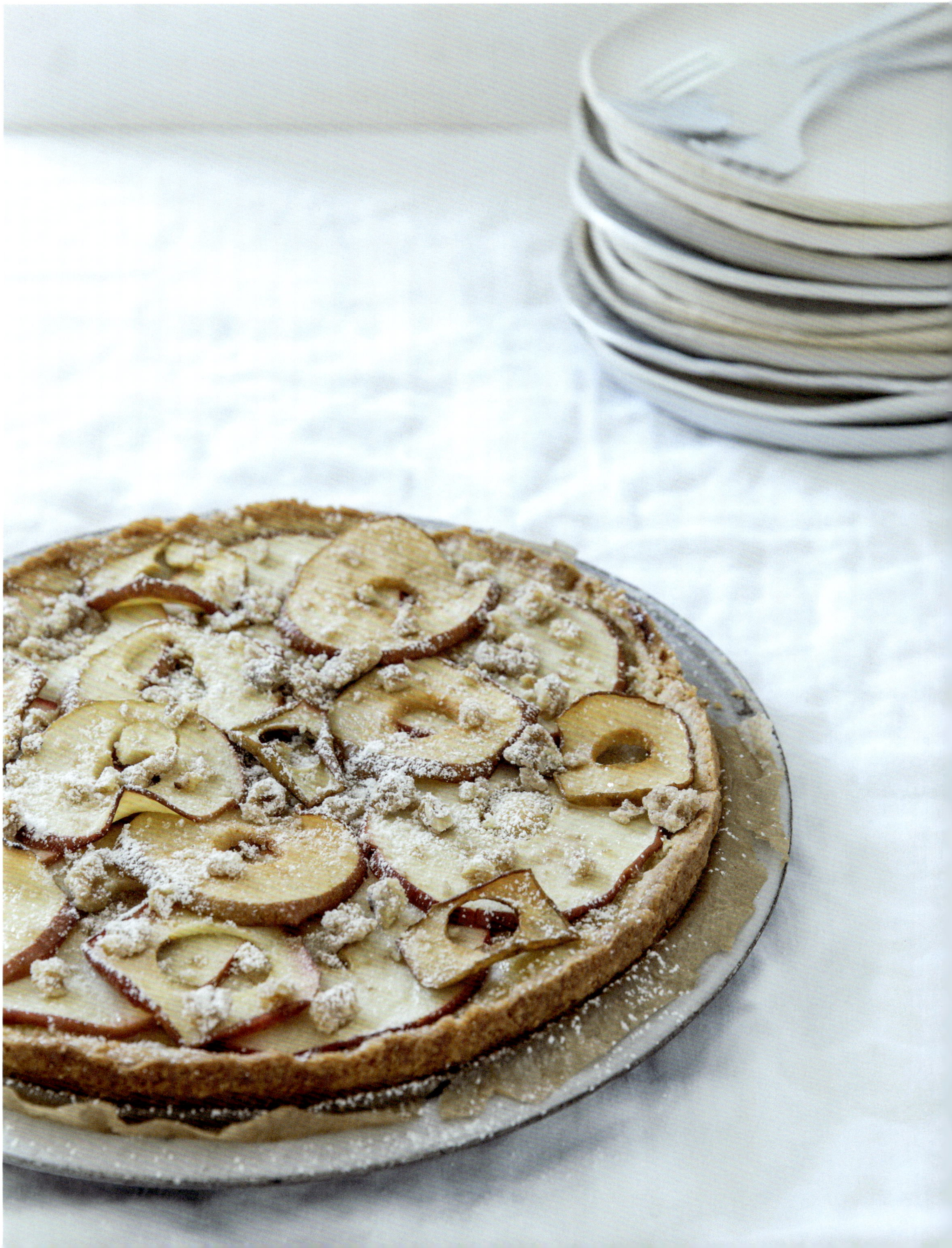

APFELTARTE
MIT WALNUSS-TOPPING
FÜR 8 BIS 12 STÜCKE

ZUTATEN

180 G MEHL

100 G KALTE BUTTER

50 G ZUCKER

1 EIGELB

1 PRISE SALZ

6 MITTELGROSSE ÄPFEL

3 EL HELLE MARMELADE

3 EL FLÜSSIGE BUTTER

BUTTER ZUM AUSFETTEN

FÜR DAS WALNUSS-TOPPING

100 G WALNÜSSE

30 ML WASSER

40 G ZUCKER

½ TL ZIMTPULVER

ZUBEREITUNGSZEIT
1 STUNDE

KÜHLZEIT
30 MINUTEN

Mehl, Butter, Zucker, Eigelb und eine Prise Salz in einer Schüssel zu einem geschmeidigen Teig verkneten. Den Teig zur Kugel formen und in Frischhaltefolie eingewickelt 30 Minuten kalt stellen.

Den Backofen auf 180 °C Ober-/Unterhitze vorheizen.

Äpfel waschen, trocken reiben und die Apfelkerngehäuse mit einem Ausstecher entfernen. Die Äpfel in ca. 3 mm dünne Ringe schneiden.

Die Springform mit Backpapier auslegen oder mit etwas Butter ausfetten. Auf einer leicht bemehlten Arbeitsfläche den Teig etwas größer als die Springform ausrollen und in die Form hineinlegen. Den Teig am Rand etwas hochdrücken.

Den Teig mit der Marmelade bestreichen und mit den Apfelringen im Kreis belegen. Flüssige Butter darübergeben und die Tarte in der Mitte des Backofens 40 Minuten backen.

In der Zwischenzeit für das Walnuss-Topping die Nüsse krümelig zerstoßen. In einer hitzestabilen Pfanne das Wasser mit dem Zucker und dem Zimtpulver erhitzen und so lange köcheln lassen, bis sich der Zucker aufgelöst hat. Walnüsse zugeben, gut mit der Zuckermischung verrühren, damit sich der Zucker gleichmäßig an den Nüssen absetzt. Etwas abkühlen lassen und über die fertige Apfeltarte streuen.

– TIPP –

DIE APFELTARTE SCHMECKT BESONDERS
LECKER WARM MIT EINER KUGEL VANILLEEIS.

ERSTER SCHNEE
HEIMAT DES POLARFUCHSES
KLIRRENDE KÄLTE
BEZAUBERNDE WANGENRÖTE

AUCH DAS RENTIER HAT WIEDER DIE ROTE NASE AUF

BÄLLE FLIEGEN
DURCH DIE LUFT,
ZERPLATZEN
IN UNZÄHLIGE
KRISTALLE UND
SEGELN ZU
BODEN.

Andere Bälle rollen dank quirliger Hände über den
Boden und formen sich zu immer größeren Kugeln,
die, aufeinandergesetzt und mit Mohrrübe und
Kohlestücken versehen, das Sinnbild für den ultima-
tiven Schneespaß ergeben. Fällt der erste Schnee,
lassen Schneeballschlacht und Schneemann nicht
lange auf sich warten. Zugefrorene Seen laden zu
einem Lauf auf dem Eis ein. Im Winter verändert sich
nicht nur die Landschaft, sondern auch die Lebens-
gewohnheiten, die Freizeitgestaltung und die
Sinneseindrücke nehmen andere Formen an. Durch
das kalte Gefühl auf der Haut verspüren wir den
Wunsch nach Wärme und Wohligkeit. Düfte von Win-
tergewürzen haben deshalb die Nase vorn. Auch
in der Küche finden Zimt, Piment, Fenchel, Sternanis,
Vanille, Wacholder oder Nelken großen Anklang.

DER WINTER IST DIE ZEIT DES ZUSICHKOM-
MENS UND DIE ZEIT DER RUHE – DAS
VERSUCHEN WIR AUCH DURCH DIE GESTAL-
TUNG ZU TRANSPORTIEREN:

IN DER BILDSPRACHE, IN DER ART WIE BILDER
UND SCHRIFT AUFEINANDERTREFFEN UND
WIE DAS LAYOUT AUF JEDER SEITE EINS WIRD
MIT DEM TEXT.

VERA SCHÄPER, DESIGNERIN

SÜSSES

FÜR KALTE TAGE

GEZUCKERTE LECKERBISSEN ZUM
EINKUSCHELN AM KAMIN

GETROCKNETE APFELRINGE
MIT SCHOKOLADENDIP
FÜR CA. 40 APFELRINGE

ZUTATEN

4 SÄUERLICHE ÄPFEL
SAFT EINER ZITRONE
1 PRISE SALZ
2 TL ZIMT
150 G DUNKLE KUVERTÜRE

AUSSERDEM
KERNAUSSTECHER UND
SCHNUR ZUM AUFZIEHEN

ZUBEREITUNGSZEIT
30 MINUTEN
TROCKENZEIT
4 TAGE

Die Äpfel gründlich waschen, die Kerngehäuse ausstechen und die Äpfel in jeweils ca. 5 mm dicke Scheiben schneiden. Apfelringe in einer Schüssel mit Wasser bedecken, Zitronensaft und eine Prise Salz dazugeben und 10 bis 15 Minuten ziehen lassen.

Anschließend in einem Sieb gut abtropfen lassen. Apfelringe in eine Schüssel geben, mit Zimt bestäuben und gut durchmischen. Auf eine Schnur ziehen, mindestens 4 Tage an der Luft trocknen lassen.

Für den Schokoladendip die dunkle Kuvertüre über einem Wasserbad schmelzen und die getrockneten Apfelringe zur Hälfte in die flüssige Schokolade tauchen. Apfelringe zum Trocknen auf ein Gitter legen.

– TIPP –
DIE APFELRINGE KÖNNEN AUCH GANZ EINGETAUCHT
UND Z.B. MIT KOKOSRASPELN ODER GEHACKTEN
NÜSSEN BESTREUT WERDEN.

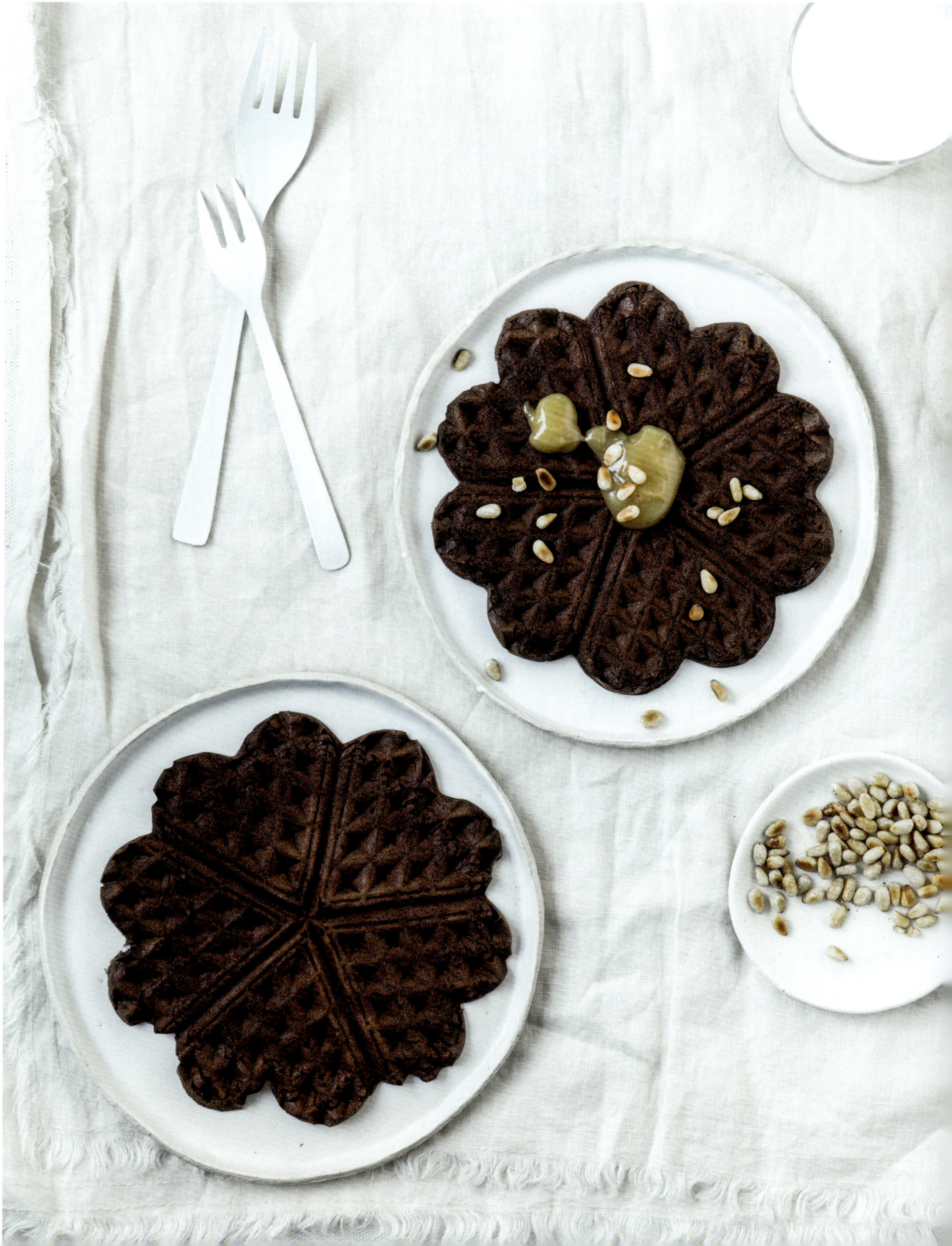

SCHOKOWAFFELN
MIT SALZKARAMELL-SAUCE

FÜR CA. 8 WAFFELN

ZUTATEN

125 G WEICHE BUTTER

100 G ZUCKER

3 EIER

150 G MEHL

30 G KAKAOPULVER

200 ML MILCH

1 PRISE SALZ

1 TL BACKPULVER

50 ML MINERALWASSER

FÜR DIE SALZKARAMELLSAUCE

30 ML WASSER

100 G ZUCKER

1 PÄCKCHEN VANILLEZUCKER

150 ML SCHLAGSAHNE

1 EL GESALZENE BUTTER

50 G PINIENKERNE

AUSSERDEM

WAFFELEISEN

ZUBEREITUNGSZEIT

50 MINUTEN

Für die Waffeln das Waffeleisen vorheizen.

Butter, Zucker und Eier schaumig schlagen. Mehl, Kakaopulver, Milch und Salz zugeben und alles gut zu einem geschmeidigen Teig verrühren. Dann das Backpulver und das Mineralwasser unterrühren.

Jeweils 3 bis 4 Esslöffel Teig auf die heißen Backflächen des Waffeleisens geben und ca. 2 bis 3 Minuten backen. Nach und nach die Schokowaffeln fertig backen.

Für die Salzkaramellsauce Wasser, Zucker und Vanillezucker in einen Topf geben, aufkochen lassen und bei mittlerer Hitze leicht weiterköcheln lassen, bis sich der Zucker aufgelöst hat. Sahne und Butter zugeben und weiterhin bei mittlerer Hitze ca. 10 Minuten offen leicht köcheln lassen, bis die Sauce andickt. Zwischendurch immer wieder umrühren.

In der Zwischenzeit die Pinienkerne goldbraun rösten. Salzkaramellsauce über die fertigen Waffeln gießen und mit Pinienkernen bestreuen.

– TIPP –

WENN DIE KARAMELLSAUCE NICHT SALZIG GENUG IST: NOCH EIN PAAR FLOCKEN FLEUR DE SEL ÜBER DIE FERTIG ANGERICHTETEN WAFFELN STREUEN. DAZU PASSEN AUCH EINIGE SCHEIBEN BANANE.

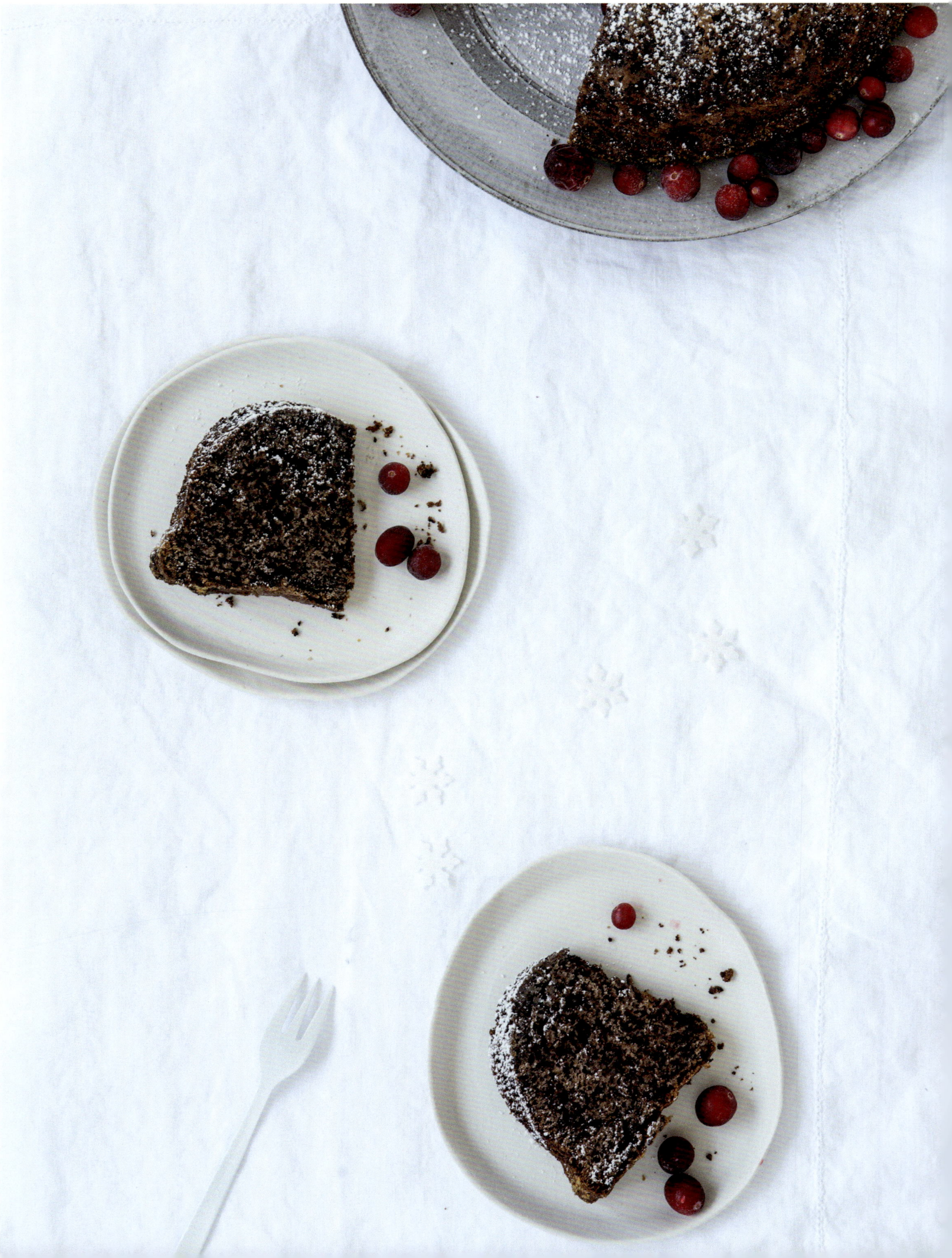

SPEKULATIUS-SCHOKOLADEN-GUGLHUPF

FÜR EINEN GUGELHUPF

ZUTATEN

250 G ZIMMERWARME BUTTER
250 G ZUCKER
4 EIER (GRÖSSE M)
1 PÄCKCHEN VANILLEZUCKER
1 TL SPEKULATIUSGEWÜRZ
1 TL KAKAOPULVER
⅛ L ROTWEIN ODER ROTER
TRAUBENSAFT
200 G DUNKLE SCHOKOLADEN-
STREUSEL
1 PÄCKCHEN BACKPULVER
250 G MEHL
BUTTER ZUM EINFETTEN

AUSSERDEM
GUGLHUPF-BACKFORM

ZUBEREITUNGSZEIT
20 MINUTEN
BACKZEIT
1 STUNDE

Backofen auf 190 °C Ober-/Unterhitze vorheizen.

Butter, Zucker und Eier schaumig rühren. Vanillezucker, Spekulatiusgewürz und Kakao-pulver dazugeben und gut untermischen.

Rotwein oder Traubensaft unterrühren, Schokostreusel und Backpulver dazugeben. Zum Schluss das Mehl untermischen und alles zu einem geschmeidigen Teig verar-beiten.

Die Guglhupf-Backform mit Butter einfetten, Teig einfüllen und in der Mitte des Ofens 1 Stunde backen. Guglhupf aus dem Ofen nehmen und gut abkühlen lassen, bevor er aus der Form gelöst wird.

– TIPP –

DAS SPEKULATIUSGEWÜRZ LÄSST SICH AUCH DURCH ZIMT ODER LEBKUCHENGEWÜRZ ERSETZEN.

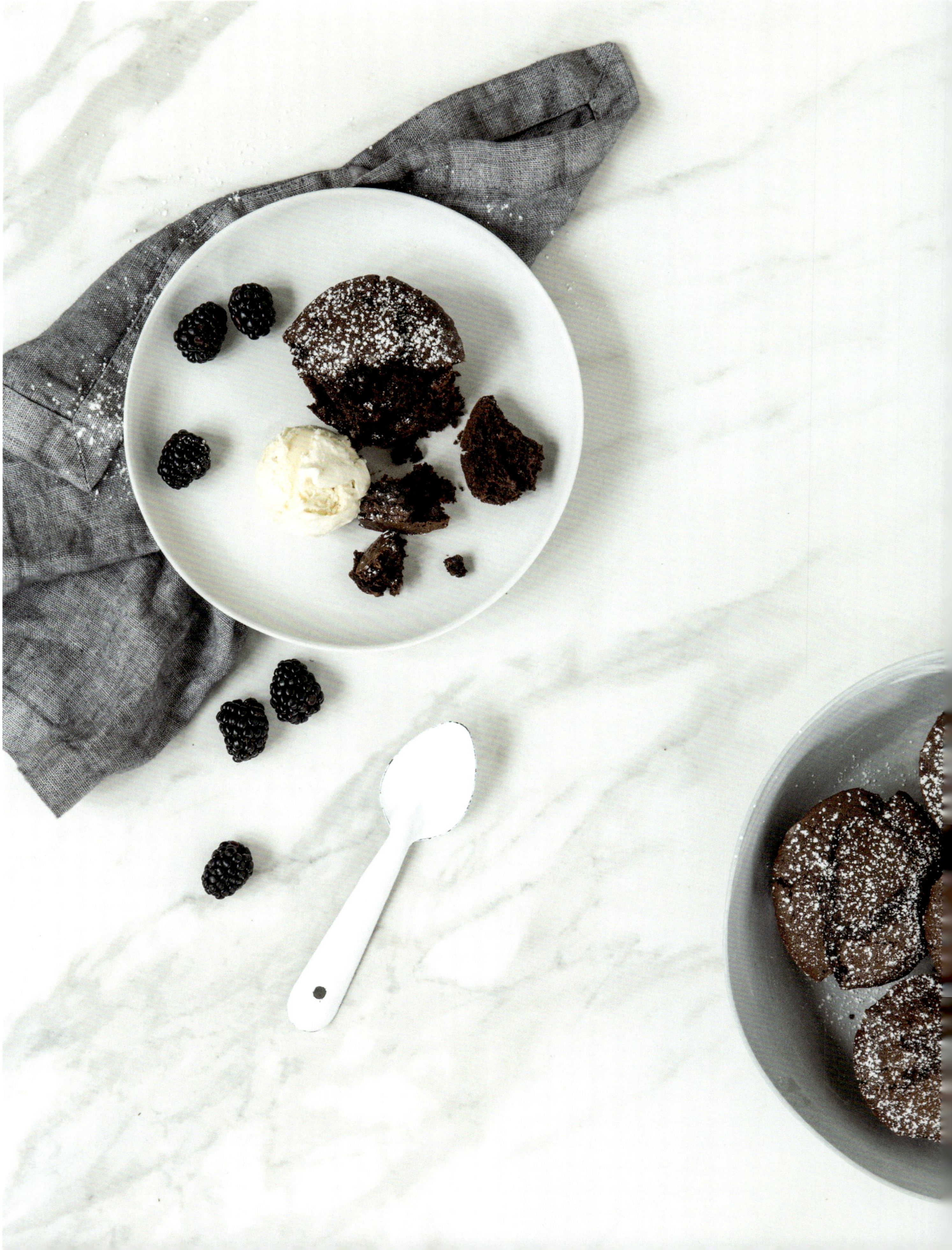

SCHOKOLADENMUFFINS
MIT CREMIGEM KERN
FÜR 12 SCHOKOLADENMUFFINS

ZUTATEN

100 G ZARTBITTERSCHOKOLADE
100 G VOLLMILCHSCHOKOLADE
150 G ZIMMERWARME BUTTER
120 G PUDERZUCKER
1 PÄCKCHEN VANILLEZUCKER
1 TL GEMAHLENE VANILLE
2 EIER (GRÖSSE M)
1 PRISE SALZ
200 G MEHL
40 G KAKAOPULVER
1 TL NATRON
1 TL BACKPULVER
150 ML MILCH
12 KLEINE STÜCKCHEN
NOUGATSCHOKOLADE
BUTTER ZUM AUSFETTEN

AUSSERDEM
MUFFINFORM

ZUBEREITUNGSZEIT
20 MINUTEN
BACKZEIT
20 MINUTEN

Backofen auf 180 °C Ober-/Unterhitze vorheizen.

Zartbitter- und Vollmilchschokolade in kleine Stücke brechen oder hacken und beiseite stellen.

Die Butter in einer Schüssel mit dem Puder- und Vanillezucker, gemahlener Vanille, den Eiern und einer Prise Salz mit dem Handrührgerät zu einer cremigen Masse verarbeiten.

Das Mehl mit dem Kakaopulver, dem Natron und dem Backpulver verrühren. Diese Mischung abwechselnd mit der Milch in die cremige Butter-Ei-Mischung einrühren, bis eine gleichmäßige Masse entstanden ist.

Die Schokoladenstückchen zum Teig geben und unterrühren. Die Muffinform mit etwas Butter einfetten oder die Mulden einzeln mit Backpapier auslegen. Den Teig mit einem Esslöffel gleichmäßig einfüllen. Dabei die Mulden zunächst nur zur Hälfte füllen. Auf den Teig je ein kleines Stück Nougatschokolade legen und anschließend mit dem restlichen Teig bedecken.

Die Muffins im heißen Backofen ca. 20 Minuten backen. Anschließend in der Form leicht auskühlen lassen, herausnehmen und noch lauwarm servieren.

– TIPP –
MIT JE EINER KUGEL VANILLEEIS WIRD AUS DEN
MUFFINS EIN KÖSTLICHES DESSERT.

COOKIES MIT WEISSER SCHOKOLADE
UND GESALZENEN ERDNÜSSEN

FÜR CA. 40 STÜCK

ZUTATEN

300 G MEHL

1 TL BACKPULVER

140 G BRAUNER ZUCKER

1 PRISE SALZ

250 G ZIMMERWARME BUTTER

1 EIGELB (EI GRÖSSE M)

2 TL VANILLEEXTRAKT

150 G WEISSE SCHOKOLADE

200 G GESALZENE ERDNÜSSE

ZUBEREITUNGSZEIT

20 MINUTEN

RUHEZEIT

30 MINUTEN

BACKZEIT

12–15 MINUTEN

Mehl, Backpulver, Zucker und Salz in einer Schüssel mischen. Butter, Eigelb und Vanilleextrakt dazugeben und zu einem krümeligen Teig verarbeiten.

Die Schokolade klein hacken, mit den Erdnüssen unter den Teig mischen und zu einer Kugel formen. 30 Minuten im Kühlschrank ruhen lassen.

In der Zwischenzeit den Backofen auf 180 °C Ober-/Unterhitze vorheizen.

Das Backblech mit Backpapier auslegen. Mit Hilfe eines Esslöffels gleich große Teigkugeln formen und mit ausreichend Abstand auf das Backblech setzen und dann mit der Hand etwas flach drücken. Backblech in die Mitte des heißen Ofens schieben und die Cookies 12 bis 15 Minuten leicht goldbraun backen.

Die Cookies aus dem Ofen nehmen und auf dem Blech auskühlen lassen. Sobald sie hart sind, auf einem Kuchengitter vollständig auskühlen lassen.

GEFRORENE SEEN
Ø 450MM NIEDERSCHLAG P.A.
TIEFE FUSSABDRÜCKE
BLÜTENWEISSE BAUMKRONEN

JETZT SCHNELL INS HAUS, WO DER KAMIN SCHON KNISTERND WARTET

WARM ANGEZOGEN UND IN
DECKEN GEHÜLLT, GLEITEN WIR
DURCH VERSCHNEITE WÄLDER.

Die Gesichter von Kälte gerötet, die Augen glänzend vor Glück. Kufen malen Spuren in das Weiß um uns herum, Schnee wirbelt auf. Fast lautlos bewegt sich der Schlitten durch die unberührte Landschaft, vorbei an Bäumen, die der Schnee wie Zuckerwatte bedeckt. Gezogen wird unser Gefährt von der Ikone Lapplands, dem Rentier, vorbei an der Dreieinigkeit aus Wald, Hügeln und Seen. Über Hunderte von Kilometern erstreckt sich die zyklische Wiederkehr, auf Wald folgen Hügel und auf Hügel ein See. Immer weiter geht es durch unberührte Natur und prachtvolle Nationalparks. Uns überkommt ein Gefühl der Schwerelosigkeit und der Weite, aber auch der Sehnsucht nach deftigen Eintöpfen, Suppen und heißen Getränken, die das Herz erwärmen und wohltun.

MIT WINTERKÜCHE VERBINDE ICH DEFTIGE EINTÖPFE, DUFTENDE PLÄTZCHEN FRISCH AUS DEM OFEN, HEISSEN PUNSCH, NÜSSE KNACKEN UND GEMÜTLICHES BEISAMMENSEIN AM SCHÖN GEDECK-TEN TISCH BEI KERZENSCHEIN.

SASKIA VAN DEELEN, REZEPTENTWICKLERIN

KÖSTLICHES WIE VOM

WEIHNACHTS MARKT

GANZ EINFACH ZU HAUSE
NACHZAUBERN

LIEBESÄPFEL
IM ROT KANDIERTEN ZUCKERMANTEL
FÜR 4 MITTELGROSSE ÄPFEL

ZUTATEN

4 MITTELGROSSE
SÄUERLICHE ÄPFEL
30 ML WASSER
500 G FEINER WEISSER ZUCKER
1 TL ZITRONENSAFT
ROTE LEBENSMITTELFARBE
(FLÜSSIG)

AUSSERDEM
4 HOLZSTÄBCHEN

ZUBEREITUNGSZEIT
20 MINUTEN

Die Äpfel waschen, gut trocken reiben und blank polieren. Äpfel auf die Blütenseite stellen und die Holzstäbchen im Stielansatz fest einstechen.

Das Wasser mit dem Zucker, dem Zitronensaft und der Lebensmittelfarbe in einem Topf zum Kochen bringen. Die Zuckermasse ca. 10 Minuten sprudelnd köcheln lassen. Dabei durchgehend rühren, bis sich der Zucker aufgelöst hat. Sobald die Masse klar und zähflüssig wird, den Topf vom Herd nehmen.

Die Äpfel sofort in die Zuckermasse tunken und drehen, bis sie ganz damit überzogen sind. Die Äpfel sollten zügig nacheinander eingetaucht werden, da der Sirup sehr schnell fest wird. Äpfel auf Backpapier stellen und gut trocknen lassen.

– TIPP –

WENN DIE MASSE KLAR UND ZÄHFLÜSSIG WIRD, EINEN TEE-LÖFFEL SIRUP AUF EINEM TELLER ERKALTEN LASSEN, UM ZU ÜBERPRÜFEN, OB DIE MASSE FEST WIRD. FALLS DAS NICHT DER FALL IST, DIE MASSE NOCH ETWAS WEITERKOCHEN.

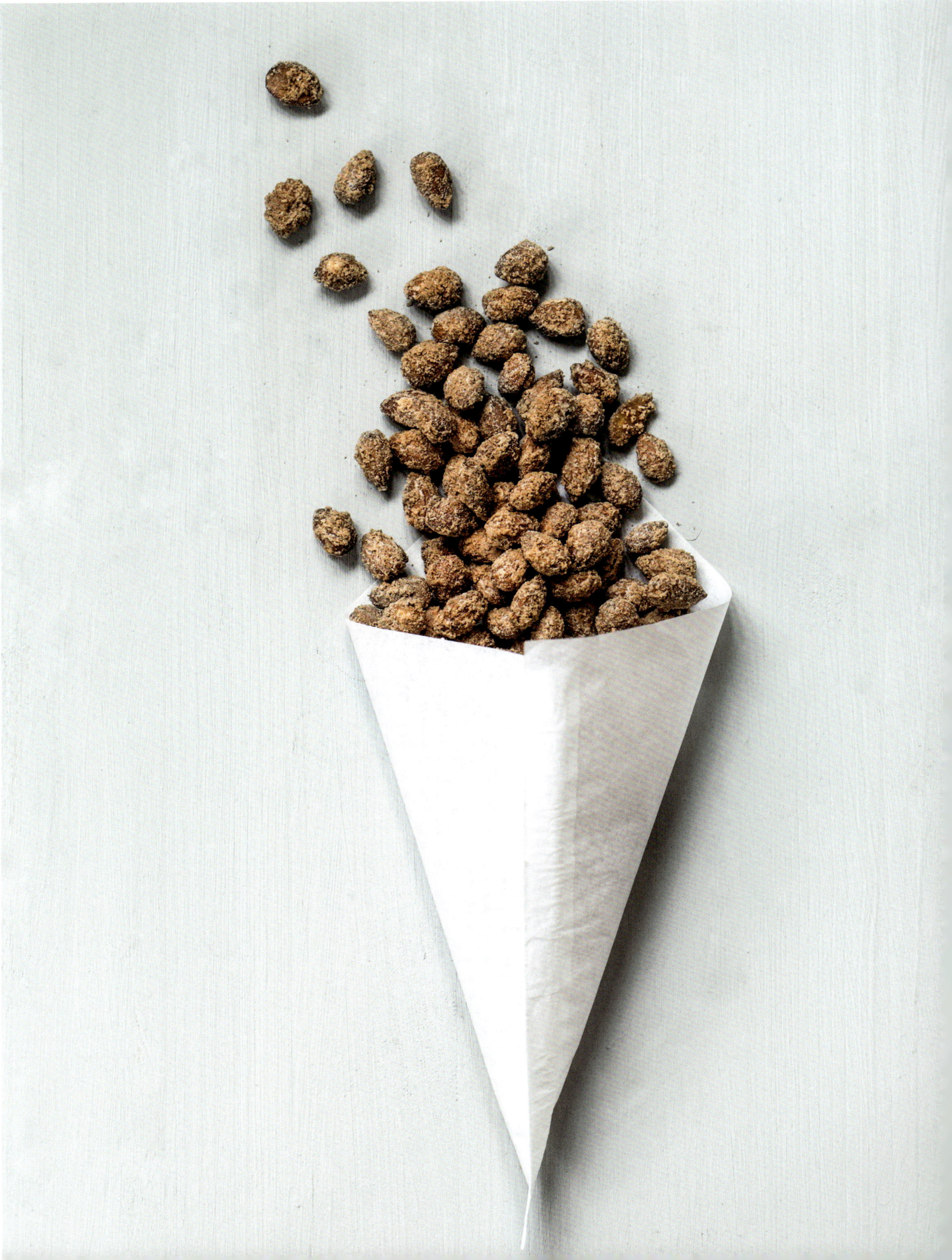

GEBRANNTE
MANDELN
FÜR CA. 250 G

ZUTATEN

60 ML WASSER

80 G ZUCKER

1 PÄCKCHEN VANILLEZUCKER

1 TL ZIMT

200 G MANDELN MIT HAUT

ZUBEREITUNGSZEIT

20 MINUTEN

Das Wasser in einer Pfanne auf mittlerer Stufe erhitzen. Zucker, Vanillezucker und Zimt unterrühren. Diese Mischung zum Kochen bringen, bis sich der Zucker verflüssigt hat.

Sobald das Zuckerwasser sprudelnd köchelt, die Mandeln zugeben und gleichmäßig mit der Zuckermasse vermischen. Damit die Mandeln nicht anbrennen, sollten sie gleichmäßig und durchgehend so lange gerührt werden, bis sich der Zucker auf den Mandelkernen absetzt.

Die Hitze reduzieren, etwa 1 Minute weiterrühren und die gebrannten Mandeln auf ein mit Backpapier ausgelegtes Backblech geben und so verteilen, dass sie möglichst nicht aneinander haften bleiben.

Vollständig auskühlen und trocknen lassen.

– TIPP –

ES MÜSSEN NICHT IMMER MANDELN SEIN – AUCH
WAL- ODER PEKANNÜSSE LASSEN SICH AUF
DIESE WEISE ZUBEREITEN.

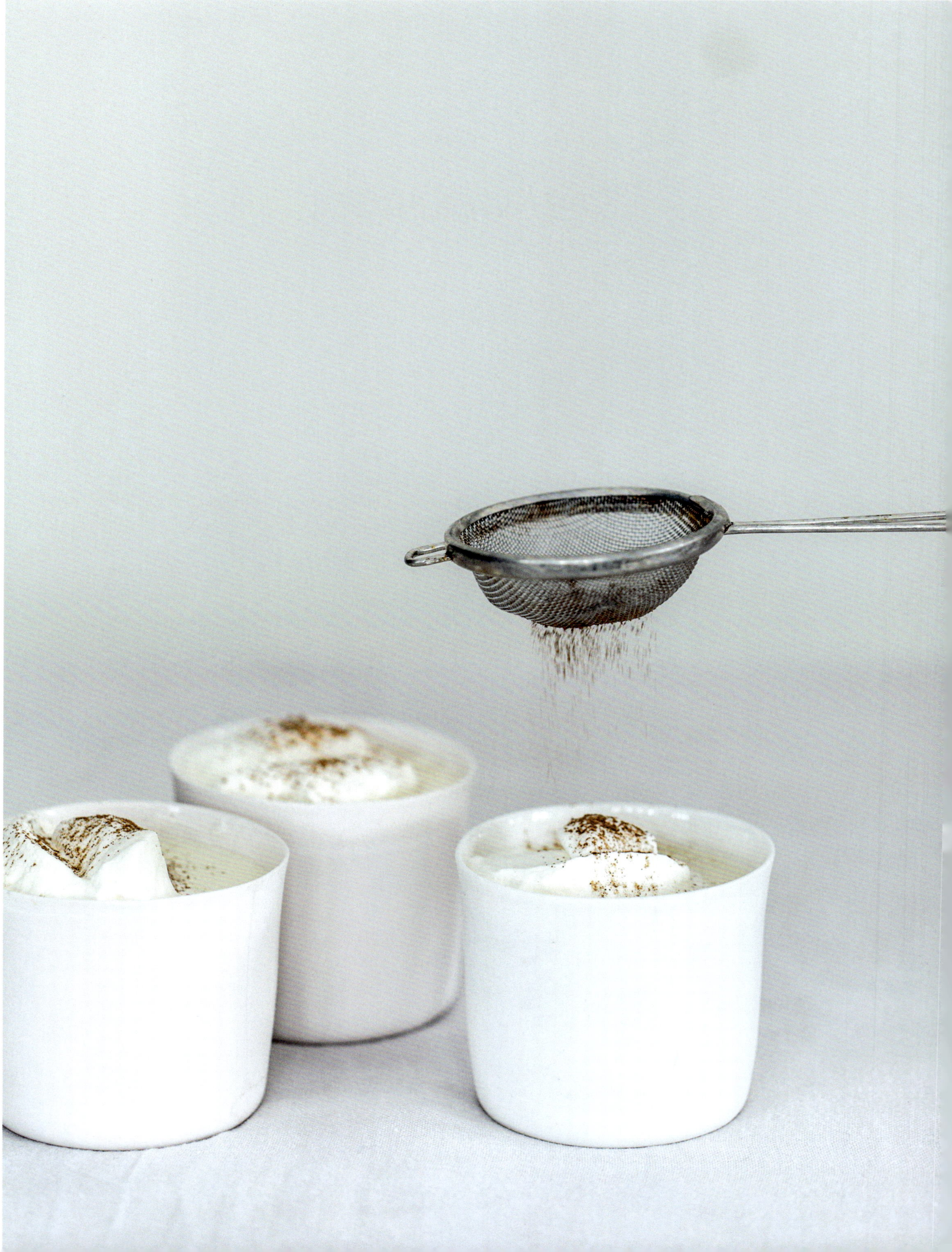

WARMER EIERPUNSCH
MIT KALTER SAHNEHAUBE
FÜR 4 GLÄSER

ZUTATEN

FÜR DEN EIERLIKÖR

(CA. 250 ML)

100 ML SAHNE

1 VANILLESCHOTE

75 G PUDERZUCKER

2 EIGELB

100 ML WODKA

FÜR DEN EIERPUNSCH

(4 GLÄSER)

250 ML EIERLIKÖR

400 ML VOLLMILCH

4 EL RUM

2 EL HONIG

150 G KALTE SAHNE

1 PÄCKCHEN VANILLEZUCKER

ZIMT ZUM BESTREUEN

ZUBEREITUNGSZEIT

35 MINUTEN

KÜHLZEIT

20 MINUTEN

Die Sahne in einen Topf geben und langsam erhitzen. Die Vanilleschote aufschneiden, das Vanillemark mit einem Teelöffel herauskratzen und mit der Schote zur Sahne geben. Alles aufkochen, 3 bis 4 Minuten leicht köcheln lassen, vom Herd nehmen und anschließend abkühlen lassen. Danach mindestens 20 Minuten in den Kühlschrank stellen. Vanilleschote noch in der Sahne lassen.

Inzwischen den Puderzucker in eine Schüssel sieben. Das Eigelb zugeben und mit dem Handmixer kräftig aufschlagen, bis die Masse schön cremig und dickflüssig wird.

Die kalte Sahne aus dem Kühlschrank nehmen, Vanilleschote entfernen, dann die Sahne durch ein feines Sieb in die Ei-Puderzucker-Creme gießen. Anschließend noch einmal kräftig mit dem Mixer aufschlagen. Zum Schluss den Wodka einrühren.

Eierlikör, Milch, Rum und Honig in einem Topf verrühren und langsam erhitzen. Die Eierpunschmischung sollte nicht kochen.

Die Sahne mit dem Vanillezucker in eine Schüssel geben und steif schlagen.

Den heißen Eierpunsch in Gläser oder Becher füllen, mit einer Sahnehaube bedecken und Zimtpulver bestreuen.

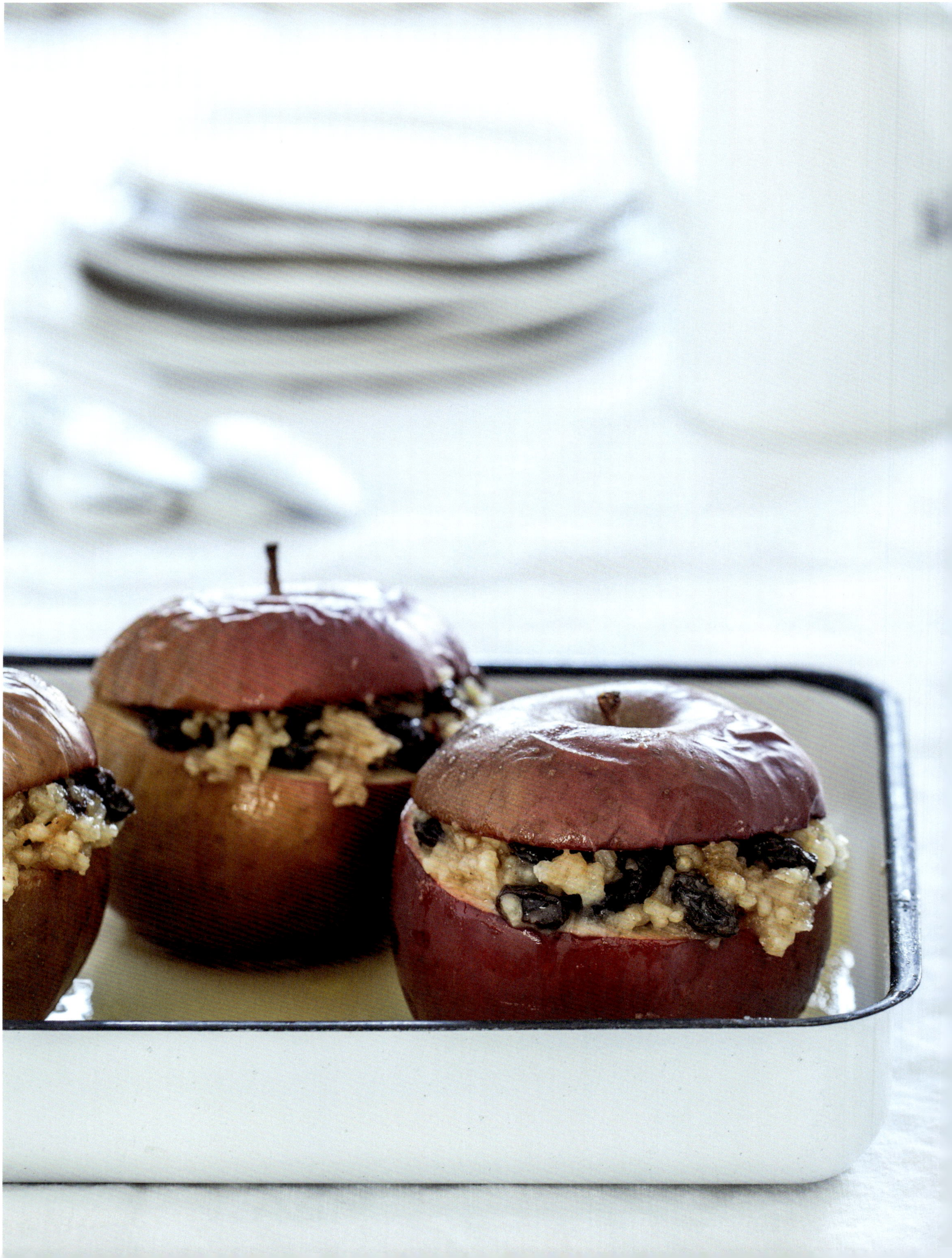

BRATAPFEL
MIT CRANBERRYS, GEHACKTEN MANDELN UND MARZIPAN

FÜR 4 ÄPFEL

ZUTATEN

60 G GETROCKNETE
CRANBERRYS
3 EL + 80 ML TRÜBER APFELSAFT
4 SÄUERLICHE ÄPFEL
50 G GEHACKTE,
BLANCHIERTE MANDELN
50 G MARZIPANROHMASSE
4 TL HELLE KONFITÜRE
½ TL GEMAHLENER ZIMT
4 TL FLÜSSIGE BUTTER

AUSSERDEM
KERNAUSSTECHER

ZUBEREITUNGSZEIT
30 MINUTEN
BACKZEIT
30 MINUTEN

Zur Vorbereitung für die Füllung die Cranberrys mit 3 EL trübem Apfelsaft mischen und eine halbe Stunde einweichen lassen.

Den Backofen auf 200 °C Ober-/Unterhitze vorheizen.

Die Äpfel waschen und trocken reiben. Jeweils das oberste Drittel der Äpfel als Deckel abschneiden, die Kerngehäuse aus dem unteren Teil ausstechen und die Äpfel in eine passende Auflaufform stellen.

Für die Füllung gehackte Mandeln, Marzipanrohmasse, Konfitüre, Zimt und Cranberrys mit der Einweichflüssigkeit gut verkneten. Mit einem Teelöffel die Marzipan-Mandel-Mischung in die Äpfel füllen und gut hineindrücken. Die Äpfel jeweils mit einem Teelöffel flüssiger Butter übergießen und anschließend den Deckel auf die gefüllten Äpfel setzen.

Die Auflaufform mit 80 ml Apfelsaft auffüllen und in der Mitte des heißen Backofens 30 Minuten backen.

– TIPP –

MIT PUDERZUCKER ODER ZIMT-ZUCKER-MISCHUNG BESTREUEN UND HEISS MIT VANILLESAUCE ODER VANILLEEIS SERVIEREN.

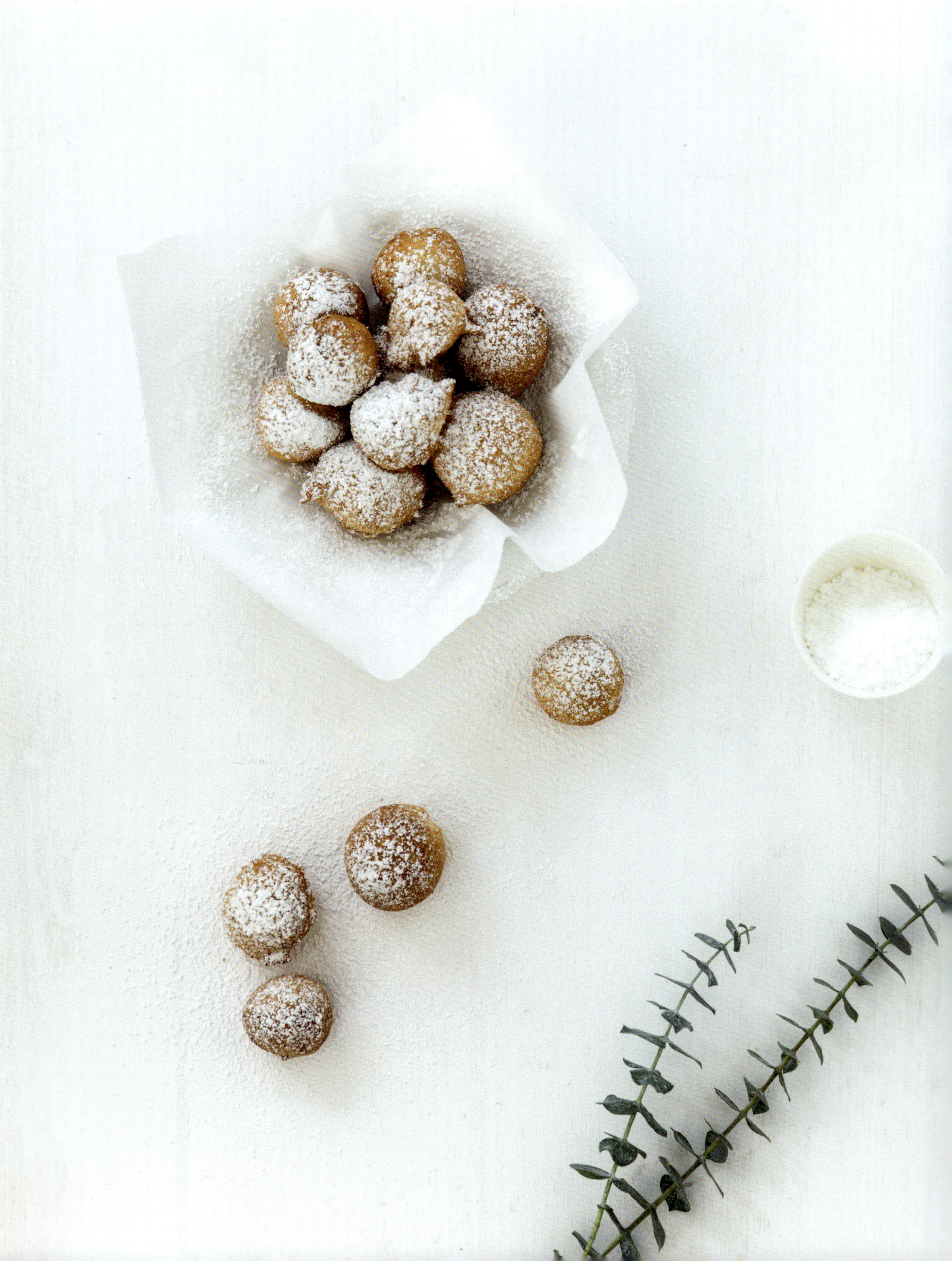

QUARKKUGELN
MIT PUDERZUCKER

FÜR CA. 30 STÜCK

ZUTATEN

2 EIER (GRÖSSE M)

50 G ZUCKER

250 G MEHL

250 G QUARK (40 %)

50 G SPEISESTÄRKE

1 PÄCKCHEN BACKPULVER

1 PÄCKCHEN VANILLEZUCKER

1 UNBEHANDELTE ZITRONE

1 L NEUTRALES PFLANZENÖL
ZUM AUSBACKEN

PUDERZUCKER ZUM WÄLZEN

ZUBEREITUNGSZEIT

30 MINUTEN

Eier und Zucker schaumig rühren, Mehl, Quark, Speisestärke, Backpulver und Vanille-zucker untermischen und zu einem geschmeidigen Teig verarbeiten.

Die Zitrone heiß abspülen und trocken reiben. Die Schale fein in den Teig hineinreiben und alles gut vermischen.

Das Pflanzenöl in einem Topf erhitzen. Mit einem Teelöffel kleine, gleich große Teig-mengen abstechen, in das heiße Öl hineingeben und ca. 2 bis 3 Minuten goldgelb aus-backen. Damit die Quarkkugeln gleichmäßig gebacken und von innen gar werden, jede Kugel während des Backens mit einer Gabel oder einem Holzstäbchen umdrehen.

Die fertigen Kugeln mit einer Schaumkelle aus dem Topf heben, auf Küchenpapier kurz abtropfen lassen und dann, noch heiß, mit Puderzucker bestäuben.

– TIPP –

WANN HAT DAS ÖL DIE PERFEKTE HITZE ZUM FRITTIEREN ERREICHT? EINFACH EIN HOLZ-STÄBCHEN EINTAUCHEN. WENN DAS ÖL KLEINE BLÄS-CHEN SCHLÄGT, IST ES HEISS GENUG.

66. BREITENGRAD
RUND 180.000 EINWOHNER
NOCH MEHR RENTIERE
1 WEIHNACHTSMANN

... DER EIN MAL IM JAHR AUF REISEN GEHT, UM WÄRME AUSZUTEILEN

400 Kilometer jenseits des Polarkreises inmitten der Stille, umgeben von großer Einsamkeit und einem einzigartigen Naturschauspiel aus Seen, Wäldern und Tundra, leben diese eindrucksvollen Zeitgenossen mit ihrer imposanten Statur und einem riesigen Geweih, welches sowohl die Männchen als auch die Weibchen ziert. Das Herdentier zählt zu den Urbewohnern des Nordens. In Lappland gibt es fast ebenso viele Rentiere wie Einwohner. Zwar haftet ihnen eine natürliche Scheu an, jedoch gelten sie in den nördlichen Gefilden als halbzahm. Und wie wir unsere Küche der Jahreszeit anpassen, verändern die Rentiere ihr Äußeres. Während im Sommer das Fellkleid eher brauner Natur ist, kann es im Winter nahezu weiß werden, so als würden sie eins mit der in Weiß gehüllten Landschaft.

RENTIERE GEHÖREN ZUR FAMILIE DER HIRSCHE UND LIEBEN DIE FREIE WILDBAHN.

EIN REZEPT OHNE
FOTO WIRD
SELTEN NACHGEKOCHT.
DAS BILD WECKT APPETIT
UND IST DIE BESTE
MOTIVATION FÜR DIE
MUSSE IN DER KÜCHE.

JULIA CAWLEY, FOTOGRAFIN

FESTLICHES

IN DER WINTER ZEIT

|

FÜR BESONDERE
MOMENTE MIT GÄSTEN

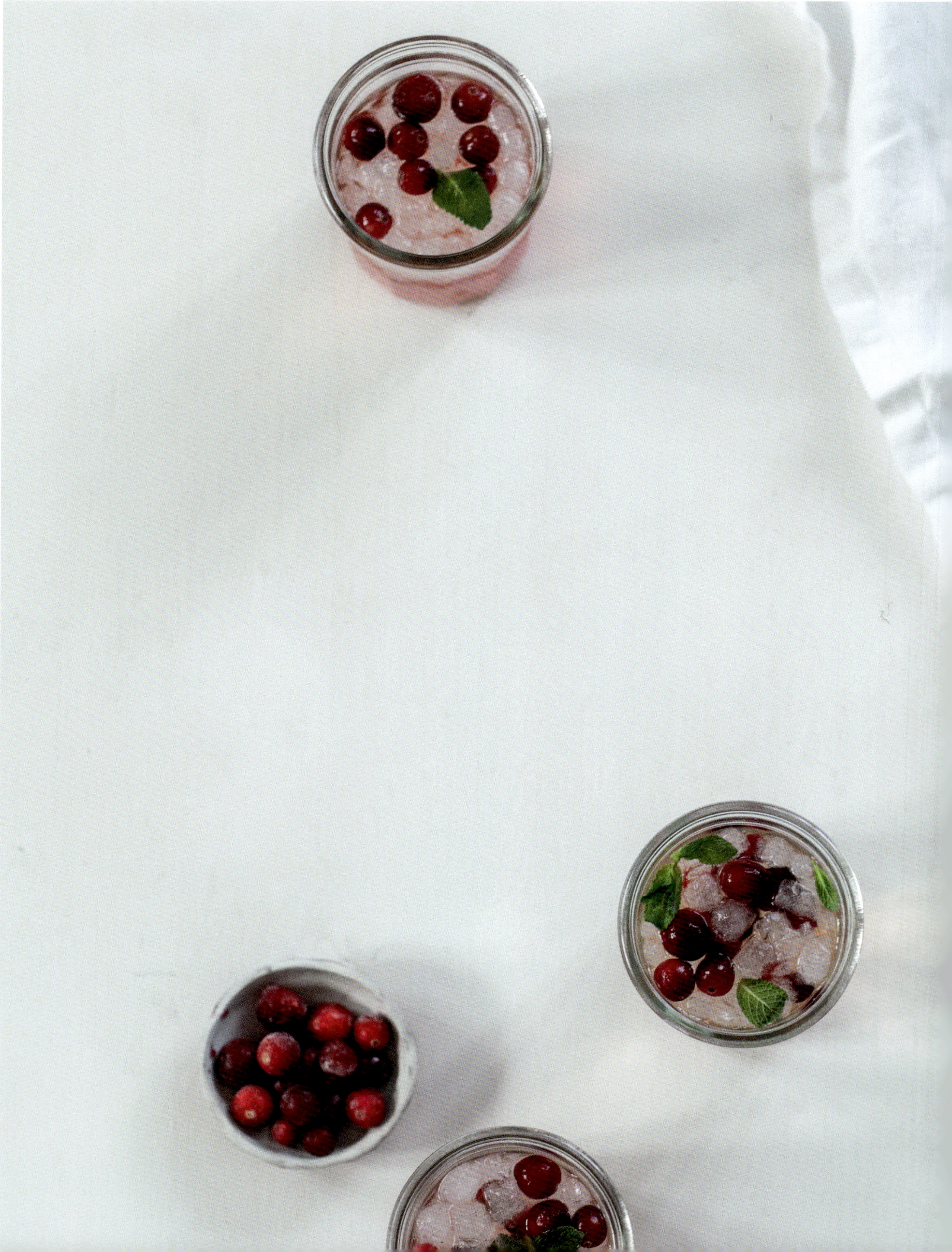

SEKT AUF EIS
MIT CRANBERRY-SIRUP
FÜR 4 GLÄSER

ZUTATEN

**FÜR DEN CRANBERRY-SIRUP
(CA. 300 ML)**
100 G ZUCKER
400 ML WASSER
250 G FRISCHE CRANBERRYS
SAFT EINER HALBEN ZITRONE

FÜR DEN APERITIF (4 GLÄSER)
1 LIMETTE
2 TL WEISSER KLEINER KANDIS
400 ML TROCKENEN SEKT
CRUSHED ICE
80 ML CRANBERRY-SIRUP

AUSSERDEM
CRANBERRYS UND FRISCHE
MINZBLÄTTER FÜR DIE
DEKORATION

ZUBEREITUNGSZEIT
25 MINUTEN
ZIEHZEIT
10 STUNDEN

Für den Cranberry-Sirup: Zucker und Wasser in einen Topf geben und unter ständigem Rühren erhitzen. Sobald sich der Zucker aufgelöst hat, die gewaschenen Cranberrys und den Zitronensaft mit in den Topf geben und 15 Minuten abgedeckt köcheln lassen.

Vom Herd nehmen und am besten über Nacht im Kühlschrank durchziehen lassen.

Am folgenden Tag den Sirup durch ein feines Sieb in ein Gefäß gießen. Die Beeren dabei kräftig mit einem Esslöffel ausdrücken.

Für den Aperitif: Die Limette auspressen, den Saft auf 4 Gläser verteilen und in jedes einen halben Teelöffel Kandis geben. Die Gläser jeweils mit 100 ml Sekt und Crushed Ice auffüllen. Ca. 20 ml Cranberry-Sirup in die Gläser geben und mit frischen Cranberrys sowie einigen Minzblättern garnieren.

– TIPP –
FÜR KINDER DEN SIRUP EINFACH MIT
MINERALWASSER AUFFÜLLEN.

SELLERIECREME-SÜPPCHEN
MIT LAUGENGEBÄCK-CROÛTONS
FÜR 4 PORTIONEN

ZUTATEN

1 SCHALOTTE

500 G KNOLLENSELLERIE

2 EL BUTTER

1 LORBEERBLATT

1 ZIMTSTANGE

600 ML GEMÜSEFOND

3 THYMIANZWEIGE

150 ML FLÜSSIGE SAHNE

SALZ

PFEFFER

100 ML GESCHLAGENE SAHNE

OLIVENÖL ZUM BETRÄUFELN

THYMIAN ZUM DEKORIEREN

FÜR DIE LAUGEN-GEBÄCK-CROÛTONS

1 LAUGENSTANGE ODER BRÖTCHEN

2–3 EL OLIVENÖL

AUSSERDEM

PÜRIERSTAB

ZUBEREITUNGSZEIT

40 MINUTEN

Für die Suppe die Schalotte schälen und in feine Würfel schneiden. Knollensellerie putzen und würfeln. Die Butter in einem Topf erhitzen und die Schalotte und die Selleriewürfel darin dünsten. Das Lorbeerblatt mit der Zimtstange dazugeben und alles ca. 5 Minuten anschwitzen. Mit Gemüsefond ablöschen, die Thymianzweige hineinlegen und 20 Minuten leise köcheln lassen.

In der Zwischenzeit für die Croûtons das Laugengebäck in Würfel schneiden oder grob zerreißen. Das Olivenöl in einer beschichteten Pfanne erhitzen und die Croûtons darin knusprig braten.

Die Thymianzweige, die Zimtstange und das Lorbeerblatt aus der Suppe entfernen. Die flüssige Sahne zugießen und alles mit einem Pürierstab fein pürieren. Mit Salz und Pfeffer abschmecken, durch ein Sieb passieren und dabei das verbliebene Gemüse gut ausdrücken.

Die Suppe noch einmal erhitzen und die geschlagene Sahne kurz mit dem Pürierstab untermischen. Die Suppe auf Teller verteilen, mit Laugencroûtons bestreuen und ein paar Tropfen Olivenöl und Thymian dekorieren.

– TIPP –

DIESES SÜPPCHEN SCHMECKT STATT MIT SELLERIE Z.B. AUCH MIT PETERSILIENWURZEL ODER KARTOFFELN.

APFEL-ZIEGENKÄSE-
BURGER
FÜR 4 PORTIONEN

ZUTATEN

2 GROSSE SÄUERLICHE ÄPFEL

20 G BUTTER

1 EL ZUCKER

4 SCHEIBEN LUFTGETROCKNE-
TER SCHINKEN

2 ZWEIGE FRISCHER THYMIAN

4 SCHEIBEN ZIEGENKÄSEROLLE

8 TL FLÜSSIGER HONIG

2 EL GEHACKTE HASELNÜSSE

100 G EICHBLATTSALAT, RUCOLA
ODER GEMISCHTE BLATTSALATE

FÜR DAS SALATDRESSING
(CA. 150 ML)

1 ORANGE

1 EL FLÜSSIGER HONIG

1 TL MITTELSCHARFER SENF

1 TL HELLER BALSAMICO-ESSIG

1 PRISE VANILLEEXTRAKT

SALZ

PFEFFER

4 EL OLIVENÖL

AUSSERDEM
KERNAUSSTECHER

ZUBEREITUNGSZEIT
30 MINUTEN

Die Äpfel waschen, trocken reiben, die Kerngehäuse ausstechen und die Äpfel in ca. 1 cm dicke Scheiben schneiden. Butter in einer Pfanne erhitzen, Zucker und 8 Apfelscheiben zugeben und kurz karamellisieren lassen.

Den Backofen auf 180 °C Ober-/Unterhitze vorheizen. Den Schinken auf ein mit Backpapier ausgelegtes Backblech legen und im heißen Backofen ca. 5 Minuten knusprig backen. Herausnehmen und abkühlen lassen. Das Backpapier auf dem Backblech lassen und die 8 Apfelscheiben aus der Pfanne nehmen und darauf platzieren.

Den Backofen jetzt auf 200 °C mit Grillfunktion vorheizen.

Inzwischen die Thymianzweige waschen, trocknen, die Blättchen abzupfen und die Hälfte davon auf 4 große Apfelscheiben streuen. Je eine Scheibe Schinken darauf platzieren. Den Ziegenkäse auf den Schinken legen, mit jeweils 2 TL Honig beträufeln, mit den gehackten Haselnüssen und den restlichen Thymianblättchen bestreuen. Im heißen Ofen unter dem Grill 5 bis 7 Minuten überbacken.

In der Zwischenzeit für das Salatdressing die Orange auspressen. Saft mit Honig, Senf und Balsamico-Essig vermischen und mit Vanilleextrakt, Salz und Pfeffer würzen. Olivenöl zugießen und gut durchmischen. Salat waschen, trocknen, mit dem Salatdressing mischen und auf 4 Teller verteilen.

Das Backblech aus dem Ofen nehmen und die unbelegten 4 Apfelscheiben als Deckel auf den Käse legen und die Burger lauwarm auf dem Salatbett servieren.

– TIPP –
EINE ANDERE LECKERE VARIANTE: DIE ÄPFEL
DURCH BIRNEN ERSETZEN.

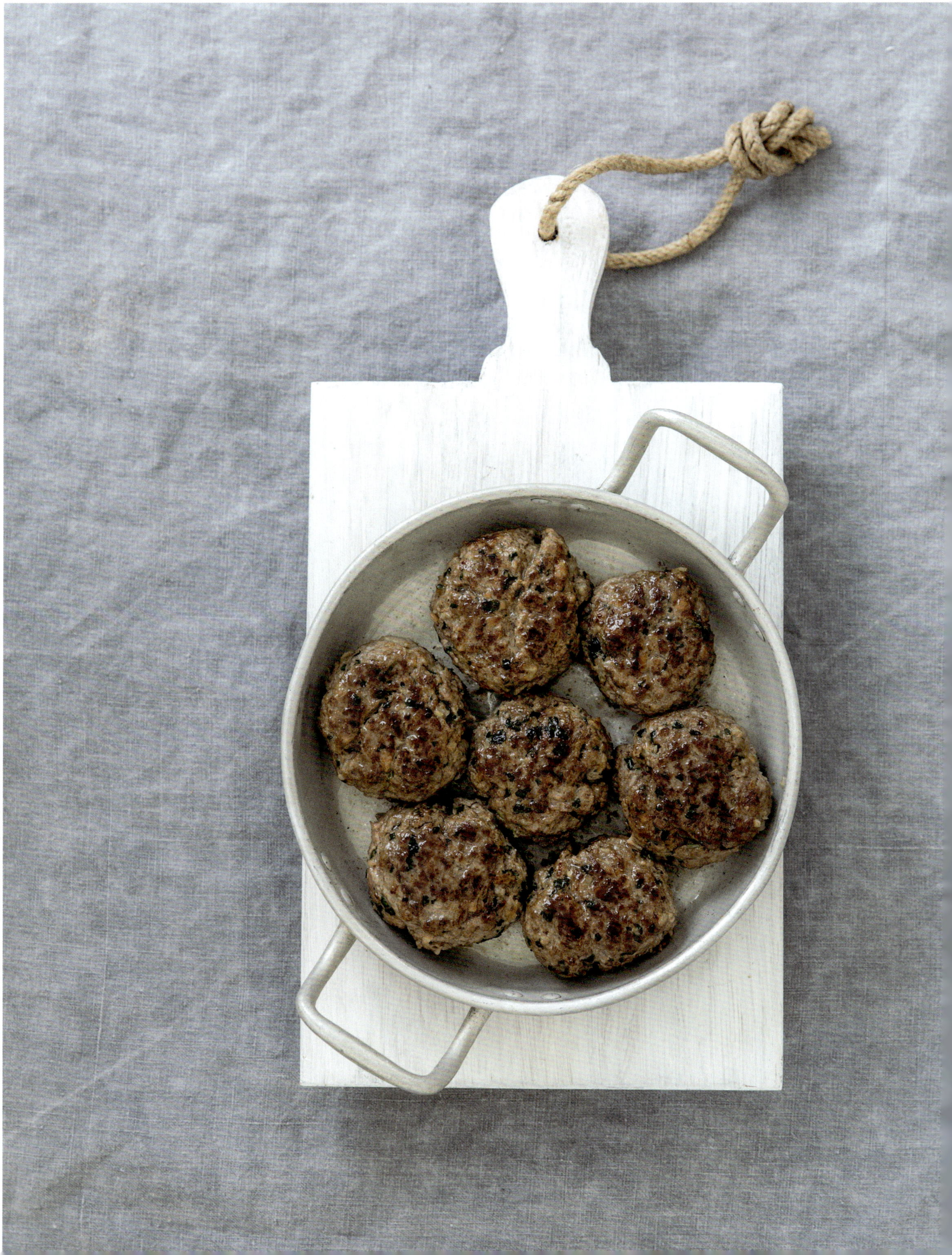

FRIKADELLEN
MIT ZIMT UND PIMENT
FÜR 8 FRIKADELLEN

ZUTATEN

1 BRÖTCHEN

1 ZWIEBEL

1 EL BUTTER

½ BUND PETERSILIE

600 G RINDERHACK

1 EI (GRÖSSE M)

1 TL MITTELSCHARFER SENF

1 TL ZIMT

½ TL PAPRIKA EDELSÜSS

1 PRISE PIMENT

1 TL SALZ

½ TL PFEFFER AUS DER MÜHLE

3 EL PFLANZENÖL ZUM BRATEN

ZUBEREITUNGSZEIT

40 MINUTEN

Das Brötchen 10 Minuten in reichlich kaltem Wasser einweichen. Nach fünf Minuten wenden. Dann das Brötchen aus dem Wasser nehmen, vorsichtig ausdrücken und beiseite stellen.

In der Zwischenzeit die Zwiebel schälen, fein würfeln und mit der Butter in der Pfanne glasig dünsten. Die Petersilie waschen, trocken schütteln, die Blättchen abzupfen, klein hacken und zu den Zwiebeln in die Pfanne geben. Kurz mitbraten, anschließend die Pfanne vom Herd nehmen und die Zwiebelmischung abkühlen lassen.

Das Rinderhack mit dem Ei und dem eingeweichten Brötchen in eine Schüssel geben, mit Senf, Zimt, Paprika, Piment, Salz und Pfeffer würzen und gut verkneten. Die Zwiebel-Petersilien-Mischung dazugeben und gründlich vermengen.

Acht gleich große Frikadellen formen. Das Pflanzenöl in der Pfanne erhitzen und die Frikadellen scharf von jeder Seite auf hoher Stufe 2 bis 3 Minuten goldbraun anbraten. Erst wenden, wenn sich unten eine leicht braune Kruste gebildet hat. Die Hitze reduzieren und bei geringer Stufe ca. 5 Minuten pro Seite brutzeln.

– TIPP –
DAZU PASST WINTERSTAMPFGEMÜSE
(REZEPT S. 87).

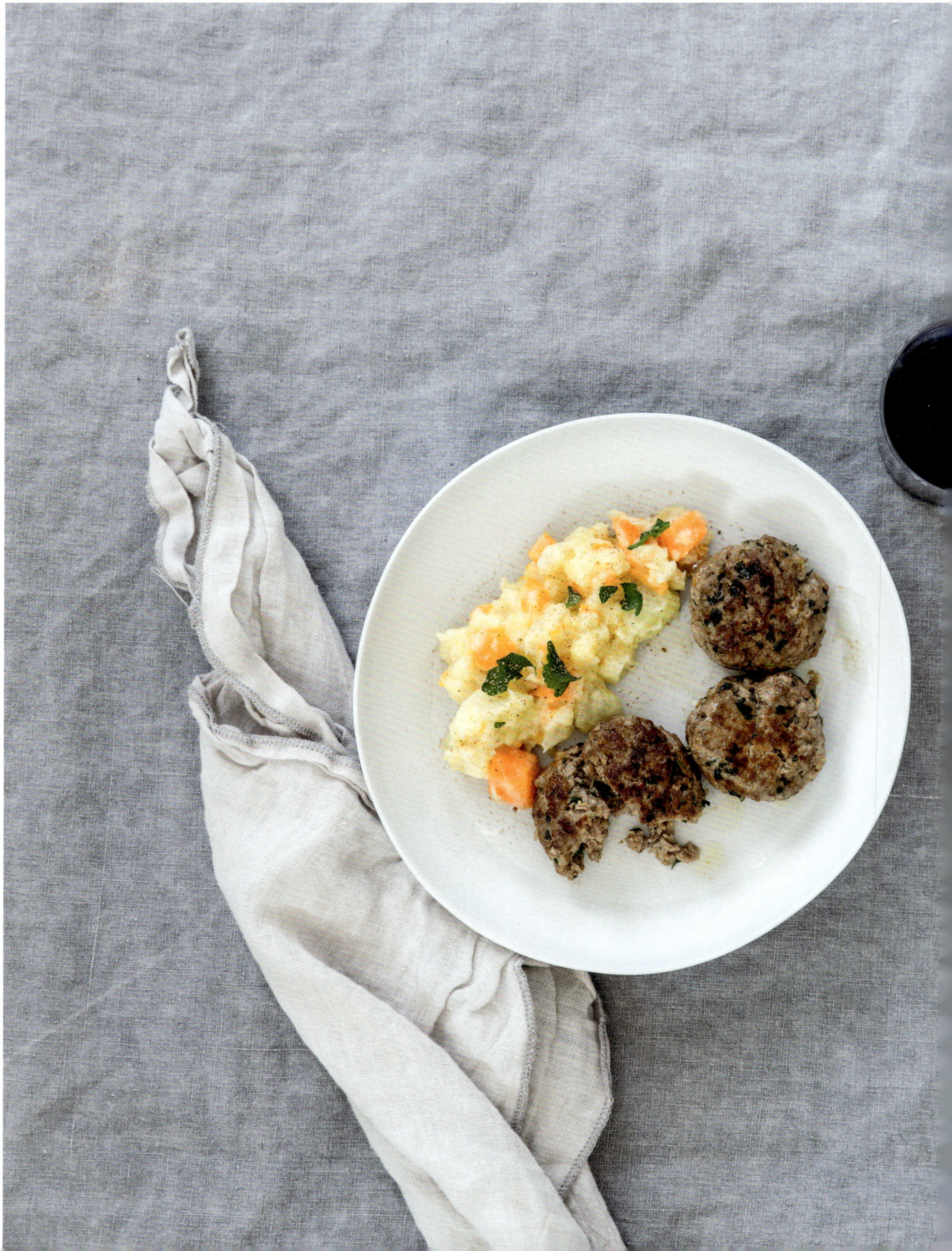

WINTERSTAMPFGEMÜSE
ALS BEILAGE

FÜR 4 PORTIONEN ALS BEILAGE

ZUTATEN

500 G MEHLIG KOCHENDE
KARTOFFELN
2 ZWIEBELN
300 G MÖHREN
300 G KOHLRABI
250 G PASTINAKEN
2 EL OLIVENÖL
200 ML GEMÜSEFOND
100 ML SAHNE
60 G BUTTER
½ BUND PETERSILIE
SALZ
PFEFFER
MUSKATNUSS

AUSSERDEM
KARTOFFELSTAMPFER

ZUBEREITUNGSZEIT
40 MINUTEN

Die Kartoffeln schälen und in einem Topf mit gesalzenem Wasser gar kochen.

In der Zwischenzeit die Zwiebeln schälen und in feine Würfel schneiden. Die Möhren, den Kohlrabi und die Pastinaken waschen, putzen und in gleich große Stücke würfeln.

Olivenöl in einem Topf erhitzen und die Zwiebeln darin glasig dünsten. Das Gemüse zugeben, den Gemüsefond angießen und alles bei mäßiger Hitze 15 Minuten offen leise köcheln lassen.

Die Kartoffeln abgießen, abdampfen lassen und unter das Gemüse mischen. Die Sahne mit der Butter kurz in einem kleinen Topf erhitzen, in den Topf zum Gemüse geben und alles mit dem Kartoffelstampfer grob zerstampfen.

Petersilie waschen, trocknen, fein hacken und unter das Stampfgemüse mischen. Mit Salz und Pfeffer abschmecken und Muskatnuss darüberreiben.

– TIPP –
PASST ALS BEILAGE ZU FRIKADELLEN
ODER RINDFLEISCHSPIESSEN
(REZEPTE S. 85 UND 157).

KROSSE
GÄNSEKEULE
FÜR 4 PORTIONEN

ZUTATEN

1 BUND SUPPENGRÜN

1 ZWIEBEL

1 TOMATE

4 GÄNSEKEULEN (À CA. 300 G)

2 LORBEERBLÄTTER

6 SCHWARZE PFEFFERKÖRNER

1 TL ZUCKER

SALZ

PFEFFER

100 G FLÜSSIGER HONIG

2 EL SPEISESTÄRKE

ZUBEREITUNGSZEIT
30 MINUTEN

GARZEIT
90 MINUTEN

BACKZEIT
80 MINUTEN

Das Suppengrün waschen, putzen und in kleine Würfel schneiden. Die Zwiebel mit Schale halbieren. Die Tomate waschen und halbieren.

Die Gänsekeulen waschen und in einen Bräter legen. Wasser angießen, bis die Keulen vollständig damit bedeckt sind. Das gewürfelte Suppengemüse sowie die Zwiebel- und Tomatenhälften dazugeben. Lorbeerblätter, Pfefferkörner, Zucker und 2 TL Salz ebenfalls in den Bräter geben und aufkochen. Die Hitze reduzieren und die Gänsekeulen zugedeckt bei mittlerer Hitze 90 Minuten leicht köcheln lassen.

Den Backofen auf 180 °C Ober-/Unterhitze vorheizen.

Nach Ende der Garzeit die Keulen aus der Brühe heben, auf ein tiefes Backblech legen, salzen und pfeffern. Die Haut der Gänsekeulen mit einem Holzspieß an einigen Stellen einstechen. 70 Minuten in der Mitte des Backofens goldbraun braten. Die Brühe aus dem Bräter entfetten, 0,5 l abmessen und nach und nach zu den Keulen gießen.

Die Gänsekeulen nach ca. 70 Minuten vom Backblech nehmen und mit dem flüssigen Honig bestreichen. Die Temperatur des Ofens auf 200 °C erhöhen. Das tiefe Backblech mit dem Bratenfond auf die untere Schiene im Backofen schieben. Die Gänsekeulen auf einen Grillrost legen, über dem Backblech in den Ofen schieben und weitere 10 Minuten knusprig braten.

Das Backblech aus dem Ofen nehmen. Den Ofen ausschalten und die Keulen noch im Ofen warm halten. Den Bratenfond vom Backblech durch ein Sieb in einen Topf gießen und nochmals entfetten. Speisestärke mit 4 Esslöffeln kaltem Wasser glatt rühren, Bratenfond damit binden, kurz aufkochen und mit Salz und Pfeffer abschmecken.

Die Gänsekeulen aus dem Ofen nehmen und mit der Bratensauce servieren. Dazu passt Kartoffelpüree und Rotkohl mit Holunderbeersaft (Rezept S. 91).

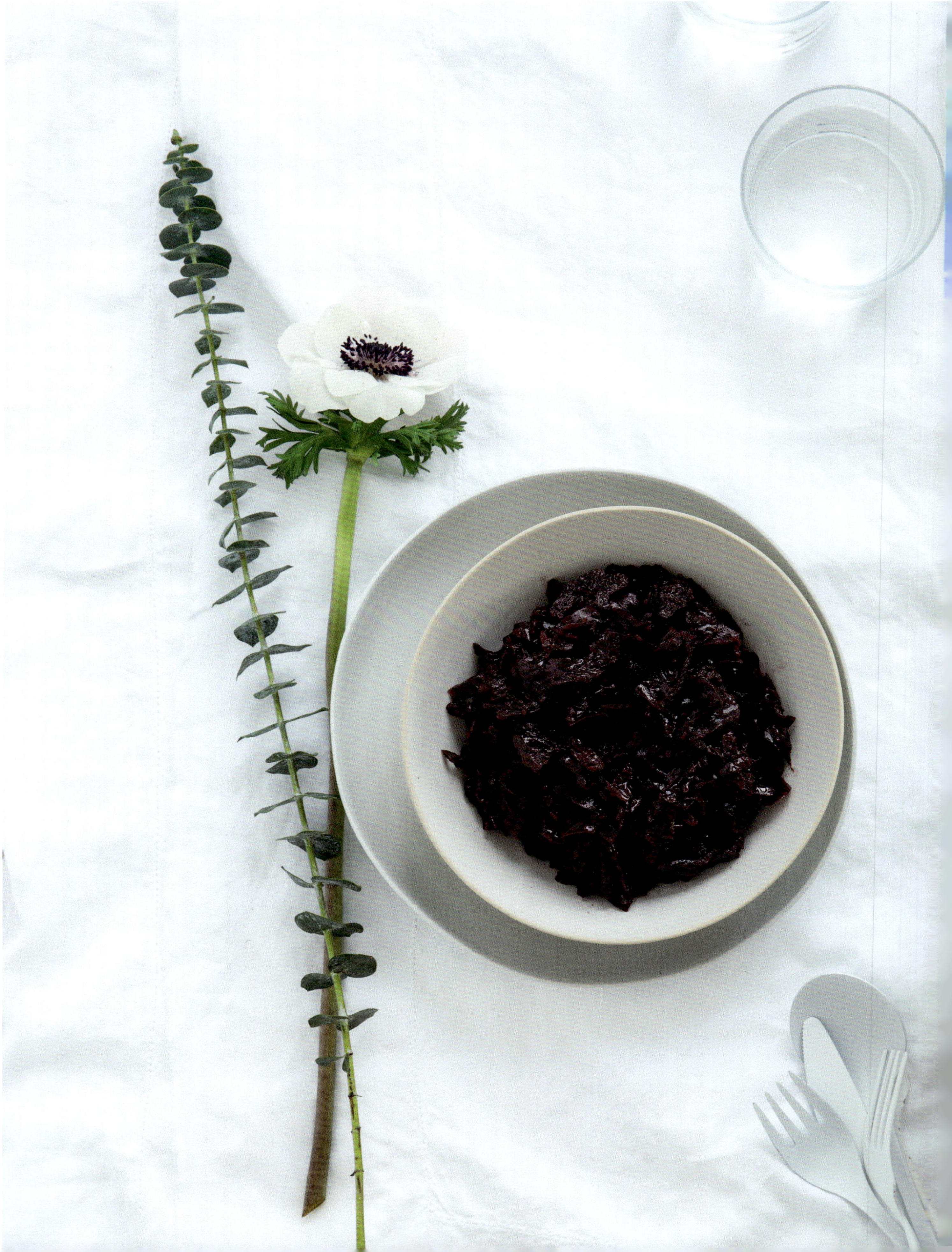

ROTKOHL
MIT HOLUNDERBEERSAFT
FÜR 4 PORTIONEN

ZUTATEN

1 KG ROTKOHL

1 TL SALZ

1 EL HONIG

2 EL ROTWEINESSIG

50 ML ROTWEIN

1 APFEL

4 ZWIEBELN

4 NELKEN

3 LORBEERBLÄTTER

3 STERNANIS

4 WACHOLDERBEEREN

1 TL SCHWARZE PFEFFERKÖR-
NER

1 ZIMTSTANGE

60 G GÄNSESCHMALZ

100 ML HOLUNDERBEERSAFT

100 G ROTE JOHANNISBEER-
KONFITÜRE

1 TL SPEISESTÄRKE

AUSSERDEM

GEWÜRZSÄCKCHEN

ZUBEREITUNGSZEIT

40 MINUTEN

ZIEHZEIT

30 MINUTEN

GARZEIT

3 STUNDEN

Den Rotkohl putzen, in feine Streifen schneiden und in einer Schüssel mit Salz, Honig, Rotweinessig und Rotwein mischen. Die Mischung gut durchkneten und abgedeckt 30 Minuten ziehen lassen.

In der Zwischenzeit den Apfel schälen, vierteln, entkernen und in dünne Scheiben schneiden. Die Zwiebeln schälen und hacken. Ein Gewürzsäckchen mit Nelken, Lorbeerblättern, Sternanis, Wacholderbeeren, Pfefferkörnern und Zimtstange füllen.

Gänseschmalz in einem Topf erhitzen, die Apfelscheiben und die gehackten Zwiebeln darin glasig dünsten. Den eingelegten Rotkohl mit der Marinade kurz mitdünsten, danach mit dem Holunderbeersaft ablöschen.

Das Gewürzsäckchen zum Rotkohl geben und bei mittlerer Hitze zugedeckt mindestens 2,5 Stunden leise köcheln lassen. Zwischendurch immer wieder gut umrühren.

Das Gewürzsäckchen entfernen und die Johannisbeerkonfitüre untermischen. Die Speisestärke mit 2 EL kaltem Wasser glatt rühren, unter den Rotkohl mischen und bei leichter Hitze nochmals ohne Deckel 30 Minuten köcheln lassen.

– TIPP –

DEN ROTKOHL AM BESTEN EINEN TAG VORHER ZUBEREITEN. DAS REZEPT LÄSST SICH PROBLEMLOS VERDOPPELN.

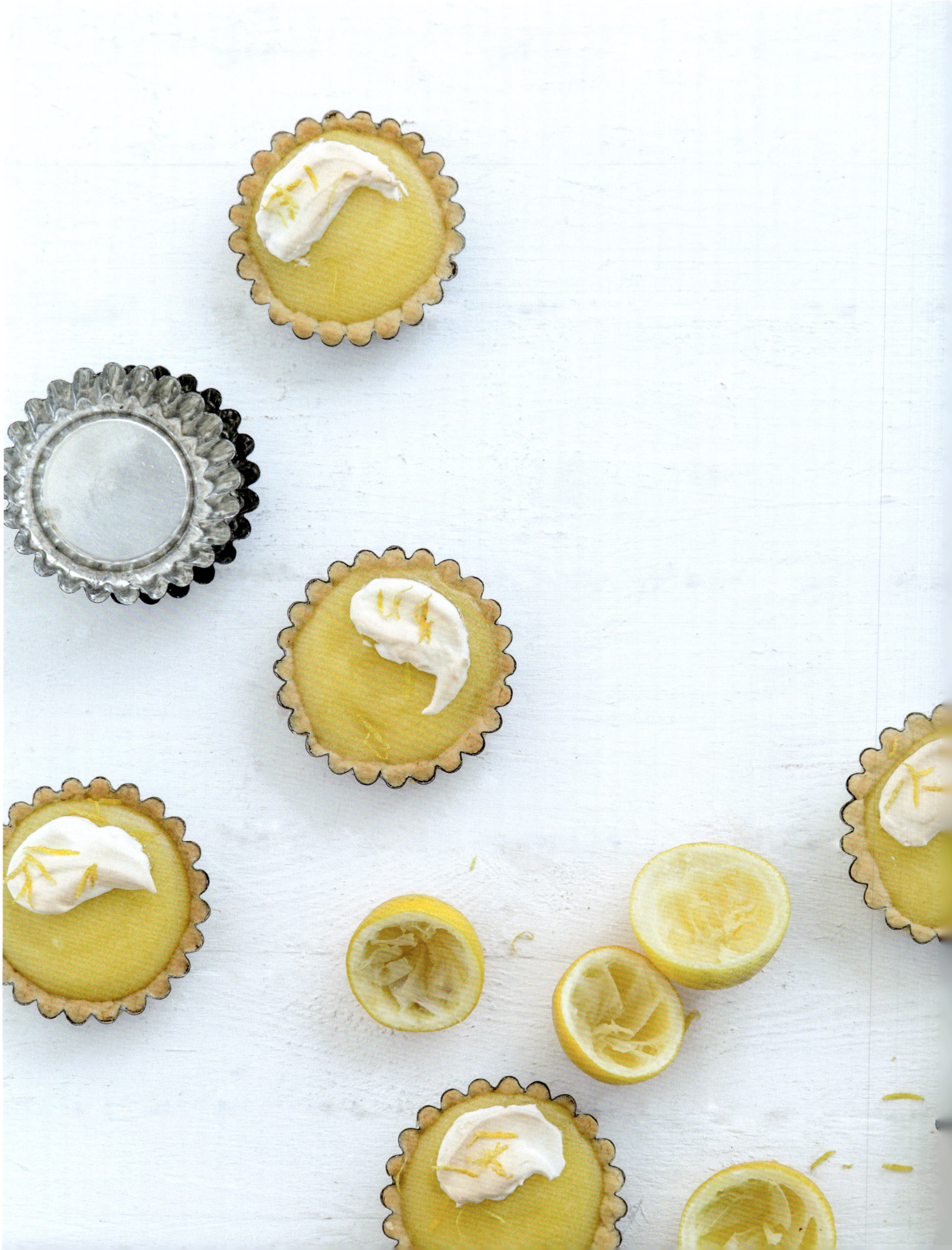

ZITRONENTARTE
MIT BAISER

FÜR 1 GROSSE TARTE ODER 8 KLEINE TARTELETTES

ZUTATEN

FÜR DEN TEIG

250 G MEHL

1 PRISE SALZ

125 G KALTE BUTTER

2 EIGELB

70 G PUDERZUCKER

1 EL EISKALTES WASSER

FÜR DEN BELAG

3 EIER (GRÖSSE M)

1 EL (CA. 30 G) SPEISESTÄRKE

200 ML FRISCH GEPRESSTER
ZITRONENSAFT

150 G ZUCKER

80 G BUTTER

FÜR DAS BAISER

2 EIWEISS

1 PRISE SALZ

1 TL ZITRONENSAFT

30 G PUDERZUCKER

1 TL SPEISESTÄRKE

AUSSERDEM

8–10 KLEINE TARTELETTE-
FÖRMCHEN

ZUBEREITUNGSZEIT

70 MINUTEN

Für den Teig das Mehl mit einer Prise Salz vermischen, die Butter in kleinen Würfeln zugeben und einkneten. Dann mit Eigelben, Puderzucker und Wasser zu einem glatten, geschmeidigen Teig verarbeiten. Den Teig zur Kugel formen, zwischen zwei Lagen Frischhaltefolie flach drücken und ca. 4 mm dick ausrollen. 30 Minuten im Kühlschrank ruhen lassen.

Für die Zitronencreme die 3 Eier in einer Schüssel cremig schlagen. Speisestärke mit einem Esslöffel Zitronensaft glatt rühren. Den restlichen Zitronensaft mit Zucker und Butter im Topf leise köcheln lassen, bis der Zucker geschmolzen ist. Vom Herd nehmen, abkühlen lassen, dann die Eier und die Speisestärkemischung unterrühren. Wieder leicht erhitzen, dabei durchgehend rühren, bis die Creme dicklich wird. Die Masse darf nicht kochen.

Backofen auf 200 °C Ober-/Unterhitze vorheizen. Förmchen mit Butter einfetten. Den Teig kreisrund ausstechen, in die Förmchen legen und Ränder andrücken. Den Boden mit einer Gabel mehrmals einstechen. Im Backofen auf der unteren Schiene 10 bis 12 Minuten goldgelb backen.

Inzwischen für das Baiser das Eiweiß mit dem Salz und dem Zitronensaft steif schlagen. Den Puderzucker mit der Speisestärke in die Masse sieben und unterheben. Zitronencreme auf den Teigböden verteilen, Baisermasse mit einem Löffel daraufgeben oder ganz damit bestreichen. Hitze des Backofens auf 150 °C Ober-/Unterhitze reduzieren. Förmchen in der Mitte 10 bis 15 Minuten backen, bis das Baiser sich leicht braun färbt. Abkühlen lassen und kalt servieren.

– TIPP –

SOLLTE NOCH ZITRONENCREME ÜBRIG
SEIN: SIE SCHMECKT ZUM FRÜHSTÜCK AUF
TOAST ODER ZUM NACHMITTAGSTEE ZUM
HEFEZOPF (REZEPT S. 143).

ROTE-BETE-
RISOTTO
FÜR 4 PORTIONEN

ZUTATEN

400 G ROTE BETE

2 ZWEIGE ROSMARIN

2 SCHALOTTEN

1 KNOBLAUCHZEHE

500 ML GEMÜSEFOND

200 ML ROTE-BETE-SAFT

6 EL OLIVENÖL

250 G RISOTTO-REIS

150 ML WEISSWEIN

1 EL ZITRONENSAFT

SALZ

PFEFFER

40 G KALTE BUTTER

100 G SCHAFSKÄSE

ZUBEREITUNGSZEIT

1 STUNDE

Die Rote Bete waschen und in einem Topf bei mittlerer Hitze ca. 30 Minuten kochen. Anschließend die Rote Bete abschrecken, schälen und in kleine Würfel schneiden.

Rosmarinzweige waschen, trocknen, die Nadeln vom Stiel zupfen und fein hacken. Schalotten und Knoblauch schälen und fein hacken.

Gemüsefond und Rote-Bete-Saft aufkochen. Olivenöl in einem Topf erhitzen, Schalotten und Knoblauch darin anschwitzen. Rosmarin unterrühren, den Reis zugeben und glasig dünsten. Mit Weißwein und Zitronensaft ablöschen, bei mäßiger Hitze einkochen und verdampfen lassen. Anschließend den Reis mit dem Gemisch aus Gemüsefond und Rote-Bete-Saft knapp bedecken.

Die Rote-Bete-Würfel zum Reis geben und unter ständigem Rühren so lange offen garen, bis die Flüssigkeit fast vollständig vom Reis aufgenommen und vercampft ist. Nach und nach die restliche Flüssigkeit unter Rühren zugeben und insgesamt 20 Minuten offen leicht köcheln lassen. Fond und Rote-Bete-Saft sollten vollständig verbraucht sein. Topf vom Herd nehmen, Risotto mit Salz und Pfeffer abschmecken und die kalte Butter in kleinen Stückchen unterrühren.

Zum Schluss den Schafskäse in kleinen Stücken unter das Risotto mischen und schmelzen lassen.

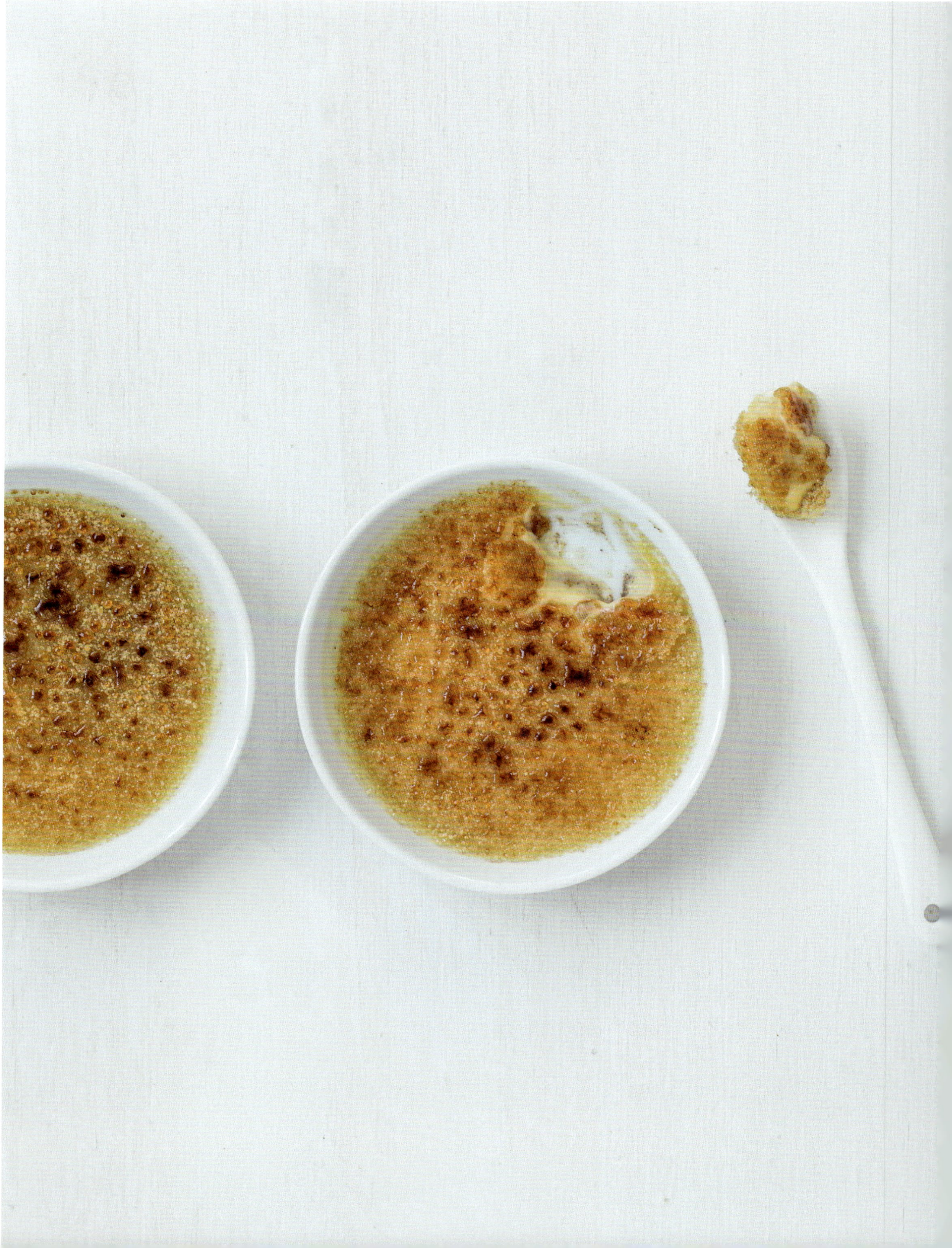

LEBKUCHEN-
CRÈME-BRÛLÉE
FÜR 4 PORTIONEN

ZUTATEN

350 ML SAHNE
50 G WEISSER ZUCKER
1 STREIFEN ORANGENSCHALE
3 EIGELB (EIER GRÖSSE M)
1 TL LEBKUCHENGEWÜRZ
30 G BRAUNER ZUCKER

AUSSERDEM

4 OFENFESTE FÖRMCHEN
KÜCHENGASBRENNER

ZUBEREITUNGSZEIT
20 MINUTEN

GARZEIT
70 MINUTEN

ABKÜHLZEIT
4 STUNDEN

Backofen auf 130 °C Ober-/Unterhitze vorheizen.

Sahne mit Zucker und Orangenschale in einem Topf kurz aufkochen lassen. Vom Herd nehmen, 10 Minuten ziehen lassen und anschließend die Orangenschale entfernen.

In der Zwischenzeit für ein Wasserbad einen Topf mit Wasser erhitzen. Die Eigelbe und das Lebkuchengewürz in einer Schüssel verschlagen und auf das heiße Wasserbad setzen. Langsam die warme Sahne zugießen und mit den Eigelben verquirlen, bis die Masse cremig wird. Sobald die Masse bindet, sofort in 4 kalte ofenfeste Förmchen gießen.

Die Förmchen in eine tiefe Fettpfanne oder Auflaufform stellen. So viel heißes Wasser zugießen, bis die Förmchen gut im Wasser stehen – es sollte kein Wasser in die Förmchen schwappen.

Auf die untere Schiene des Backofens schieben und 60 bis 70 Minuten stocken lassen. Anschließend die Förmchen herausnehmen, abkühlen lassen und mindestens 4 Stunden im Kühlschrank kühlen.

Kurz vor dem Servieren die Creme in den Schälchen gleichmäßig mit braunem Zucker bestreuen. Den Zucker mit einem Küchengasbrenner schmelzen und karamellisieren. Es sollte sich eine goldbraune Zuckerkruste bilden, die nicht zu dunkel ist.

Dazu schmecken Weintrauben, Blau- oder Himbeeren.

– 22 °C
72 CM NEUSCHNEE
MENSCHENLEER
5 SONNENSTUNDEN
VEREISTE WIMPERN

NUN WÄRMT DER DAMPFENDE KAKAO

FAST WIRKT ES, ALS HÄTTE
DER SCHNEE DAS HAUS
SCHRUMPFEN LASSEN.

Das Dach ist bedeckt von einer dicken weißen Schicht. Ob der Weihnachtsmann hier wohnt? Hoch im Norden tritt dieser in Gestalt eines bärtigen alten Mannes mit langem braunem Winterpelz und Kapuze auf, dessen Schlitten von Rentieren gezogen wird. Im Gepäck hat er eine Rute und Nüsse, um die Menschen auf einen langen Winter vorzubereiten. Die Rute dient als Fruchtbarkeitssymbol, die Nüsse als gehaltvolle und haltbare Nahrung. Nüsse liefern übrigens reichlich Eiweiß und geben dem Körper Kraft, perfekt gegen den Winterblues. Zu Hause ist der Weihnachtsmann in Rovaniemie. Seine Heimatstadt gilt als Tor zur Region und beherbergt Skurriles wie Sehenswertes. Zum Beispiel besitzt er im dortigen Weihnachtsmanndorf am Polarkreis sogar ein eigenes Postamt.

GEMAHLEN, ZERSTOSSEN, GEHACKT, GERIEBEN:
GEWÜRZE WIE ZIMT, PIMENT, TONKABOHNE, STERN-
ANIS, KORIANDERSAAT, NELKEN, PFEFFERKÖRNER,
VANILLE ODER KARDAMOM BRINGEN DEN
GESCHMACK DES WINTERS IN DIE KÜCHE.

SASKIA VAN DEELEN, REZEPTENTWICKLERIN

WAS
BIETET

DIE
SAISON?

|

AUS DER ERNTE FÜR DEN WINTER

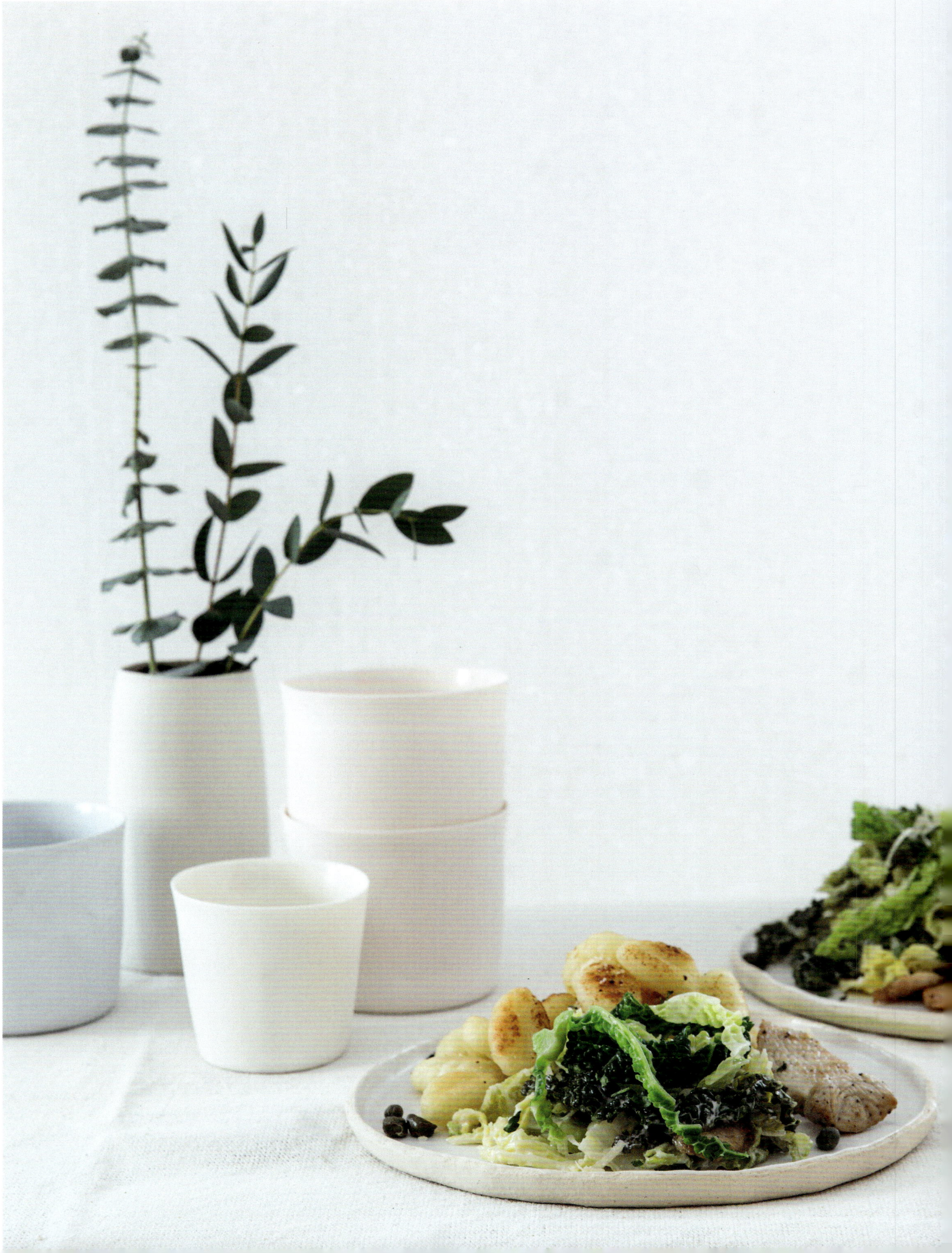

CREMIGER WIRSINGKOHL
MIT GEBRATENEN GNOCCHI UND PUTEN-BRUSTSTREIFEN

FÜR 4 PORTIONEN

ZUTATEN

600 G WIRSINGKOHL

1 BUND FRÜHLINGSZWIEBELN

1 KNOBLAUCHZEHE

OLIVENÖL ZUM BRATEN

300 ML GEFLÜGELBRÜHE

300 G FRISCHKÄSE

80 G GERIEBENER PARMESAN

2 EL KAPERN

SALZ

PFEFFER

400 G PUTENBRUSTFILET

600 G FRISCHE GNOCCHI
(KÜHLREGAL)

2 EL GEHACKTE PETERSILIE

ZUBEREITUNGSZEIT

50 MINUTEN

Den Wirsingkohl putzen, in feine Streifen schneiden und waschen. Frühlingszwiebeln putzen, waschen und in feine Ringe schneiden. Die Knoblauchzehe schälen und klein hacken.

2 Esslöffel Olivenöl in einem Topf erhitzen, die Frühlingszwiebelringe und den Knoblauch darin andünsten, Wirsingkohlstreifen zugeben, die Brühe angießen und 15 Minuten bei mittlerer Hitze köcheln lassen. Danach den Frischkäse, die Hälfte des Parmesans und die Kapern zugeben, mit Salz und Pfeffer würzen und weitere 10 Minuten cremig einkochen lassen.

In der Zwischenzeit das Putenbrustfilet in Streifen schneiden. 2 Esslöffel Olivenöl in einer Pfanne erhitzen und das Fleisch darin rundherum braun anbraten und mit Salz und Pfeffer würzen. Das fertig gebratene Fleisch zum Wirsingkohl geben und weitere 5 Minuten köcheln lassen.

Inzwischen in einer weiteren Pfanne 2 EL Olivenöl erhitzen und die Gnocchi darin goldbraun braten.

Die Gnocchi auf den Tellern anrichten und die Wirsing-Putenfleischmischung darübergeben.

Mit gehackter Petersilie garnieren und nach Geschmack mit dem restlichen Parmesan bestreuen.

ANTIPASTI
AUS DEM OFEN
FÜR EIN BACKBLECH

ZUTATEN

4 KAROTTEN

1 PASTINAKE

1 ZUCCHINI

2 ROTE-BETE-KNOLLEN

2 ROTE ZWIEBELN

4 EL + 5 EL OLIVENÖL

2 ZWEIGE THYMIAN

1 EL FLÜSSIGER HONIG

SALZ

PFEFFER

1 KNOBLAUCHKNOLLE

ZUBEREITUNGSZEIT

30 MINUTEN

GARZEIT

45 MINUTEN

Backofen auf 190 °C Ober-/Unterhitze vorheizen.

Karotten und Pastinake waschen, schälen und längs halbieren. Die Zucchini waschen, trocknen, die Rote Bete schälen und beides in ca. 0,5 cm dicke Scheiben schneiden. Die Zwiebeln schälen und vierteln. Olivenöl in einer großen Pfanne erhitzen und das Gemüse mit den Thymianzweigen darin kurz stark anbraten. Alles auf ein tiefes Backblech geben, mit Honig vermischen und mit Salz und Pfeffer würzen.

Alle Knoblauchzehen aus der Knoblauchknolle lösen und mit Schale über dem Gemüse auf dem Backblech verteilen. Mit 5 EL Olivenöl beträufeln und alles gut durchmischen. Das Backblech in die Mitte des heißen Ofens schieben und 45 Minuten backen. Dabei immer wieder das Gemüse mit einem Holzkochlöffel wenden.

Das fertig gegarte Gemüse aus dem Ofen nehmen, die Knoblauchzehen heraussammeln und aus der Schale drücken. Das Gemüse mit der Knoblauchpaste nach Geschmack würzen und mit Hummus (Rezept S. 117) servieren.

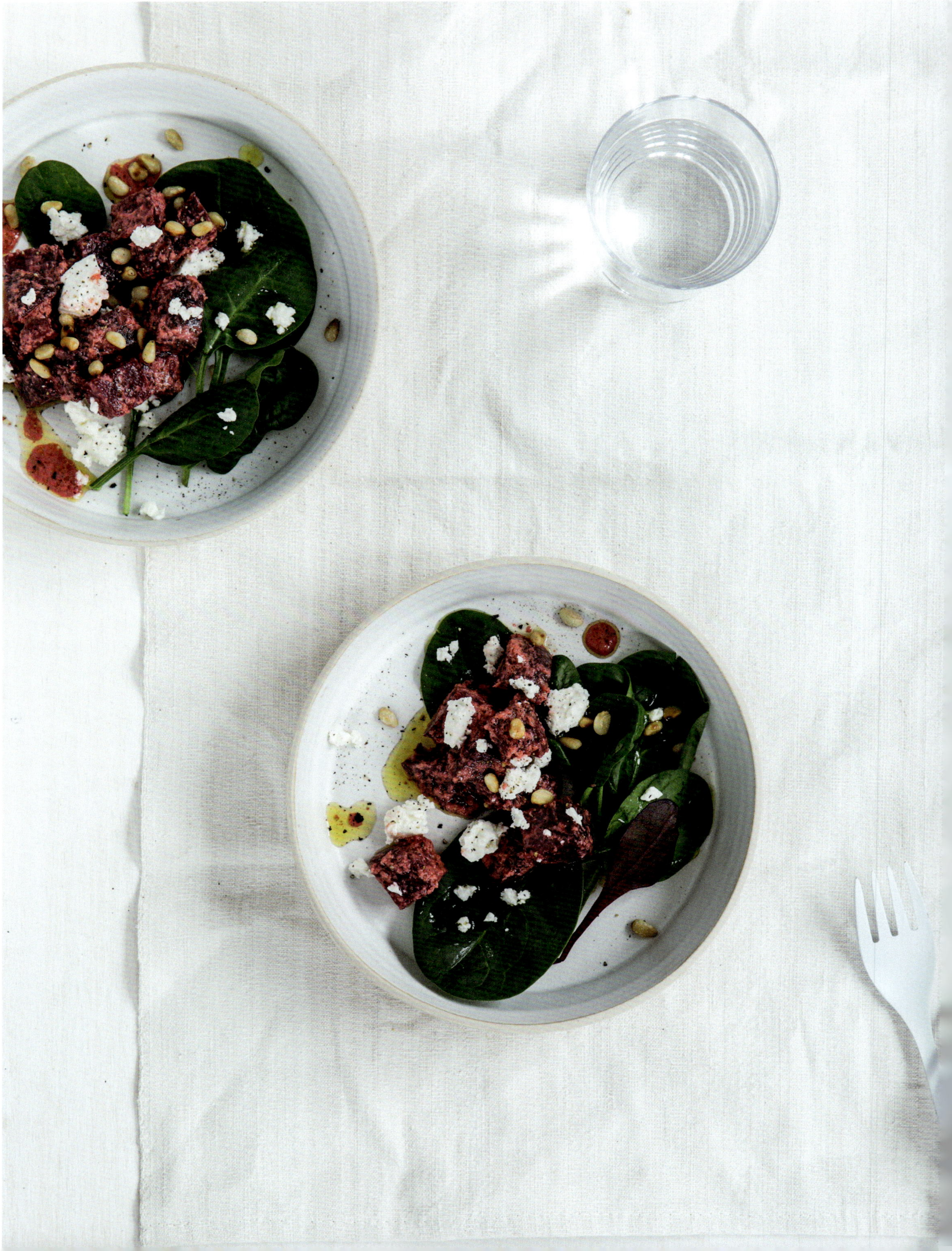

SPINATSALAT
MIT ROTE BETE, SCHAFSKÄSE UND PINIENKERNEN
FÜR 4 PORTIONEN

ZUTATEN

8 ROTE-BETE-KNOLLEN
(CA. 800 G)
SALZ
6 EL APFEL-BALSAMICO-ESSIG
8 EL OLIVENÖL
1 LORBEERBLATT
6 SCHWARZE PFEFFERKÖRNER
PFEFFER
80 G PINIENKERNE
400 G SCHAFSKÄSE
200 G BABYSPINATBLÄTTER
3 EL MEERRETTICH (FERTIG GE-
RIEBEN AUS DEM GLAS)

ZUBEREITUNGSZEIT
20 MINUTEN
GARZEIT
30 MINUTEN
ZIEHZEIT
1 STUNDE

Die Rote Bete abwaschen und mit Schale in kochendem Salzwasser ca. 30 Minuten gar kochen (die Garzeit variiert je nach Größe der Knolle). Nach dem Kochen die Rote Bete abkühlen lassen, schälen und in kleine, ca. 1 cm große Würfel schneiden.

Die Rote-Bete-Würfel in einer Schüssel mit Apfel-Balsamico, Olivenöl, Lorbeerblatt und Pfefferkörnern gut verrühren. Mit Salz und Pfeffer abschmecken und eine Stunde oder länger ziehen lassen.

In der Zwischenzeit die Pinienkerne in der Pfanne bei niedriger Temperatur leicht goldbraun anrösten. Den Schafskäse in kleine Würfel schneiden. Spinatblätter waschen, trocken schleudern und in eine flache Salatschüssel geben.

Nach einer Stunde das Lorbeerblatt und die Pfefferkörner aus der Rote-Bete-Mischung nehmen. Den Meerrettich unterrühren und die Mischung anschließend über dem Spinat verteilen. Den Schafskäse über den Salat geben und die fertig gerösteten Pinienkerne darüberstreuen.

– TIPP –
WENN ES SCHNELLER GEHEN SOLL, KANN MAN STATT DER FRISCHEN ROTE-BETE-KNOLLEN BEREITS FERTIG GEGARTE, VAKUUMVERPACKTE ROTE BETE VERWENDEN.

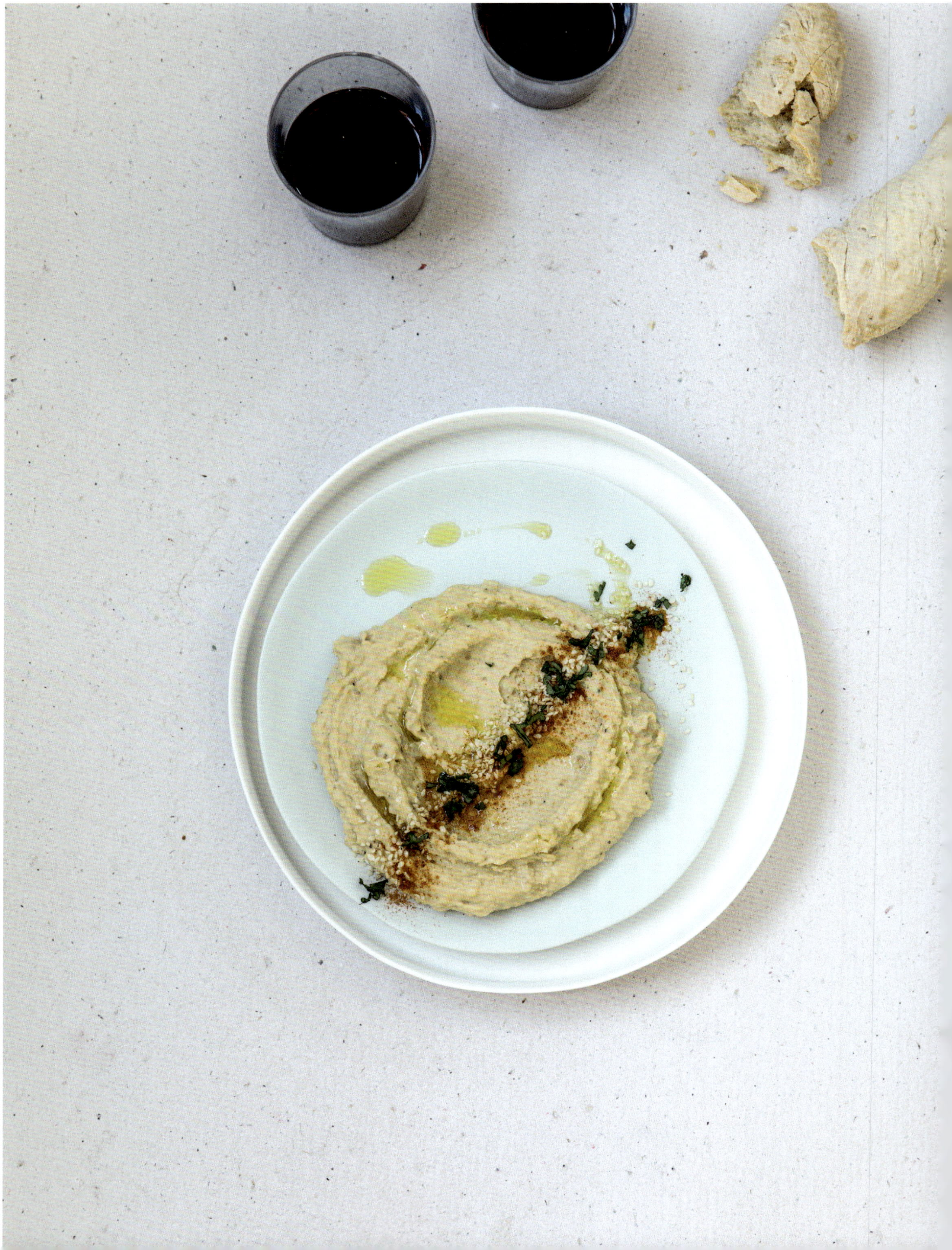

HUMMUS
ALS DIP
FÜR 4 PORTIONEN

ZUTATEN

1 KNOBLAUCHZEHE

265 G KICHERERBSEN AUS DER

DOSE (ABTROPFGEWICHT)

1 EL ZITRONENSAFT

30 G SESAMPASTE (TAHIN)

4 EL OLIVENÖL

SALZ

PFEFFER

SESAMSAMEN ZUM BESTREUEN

AUSSERDEM

TIEFES BACKBLECH

PÜRIERSTAB

ZUBEREITUNGSZEIT

10 MINUTEN

Die Knoblauchzehe schälen, klein schneiden und mit Kichererbsen (mit Sud), Zitronensaft und Sesampaste fein pürieren. Olivenöl unterrühren und mit Salz und Pfeffer würzen.

Mit gerösteten Sesamsamen und einigen Tropfen Olivenöl servieren. Dazu passen Fladenbrot und geschmorte Antipasti aus dem Ofen (Rezept S. 113).

– TIPP –

EINE GEKOCHTE ROTE BETE ZUM HUMMUS
GEBEN UND MITPÜRIEREN.

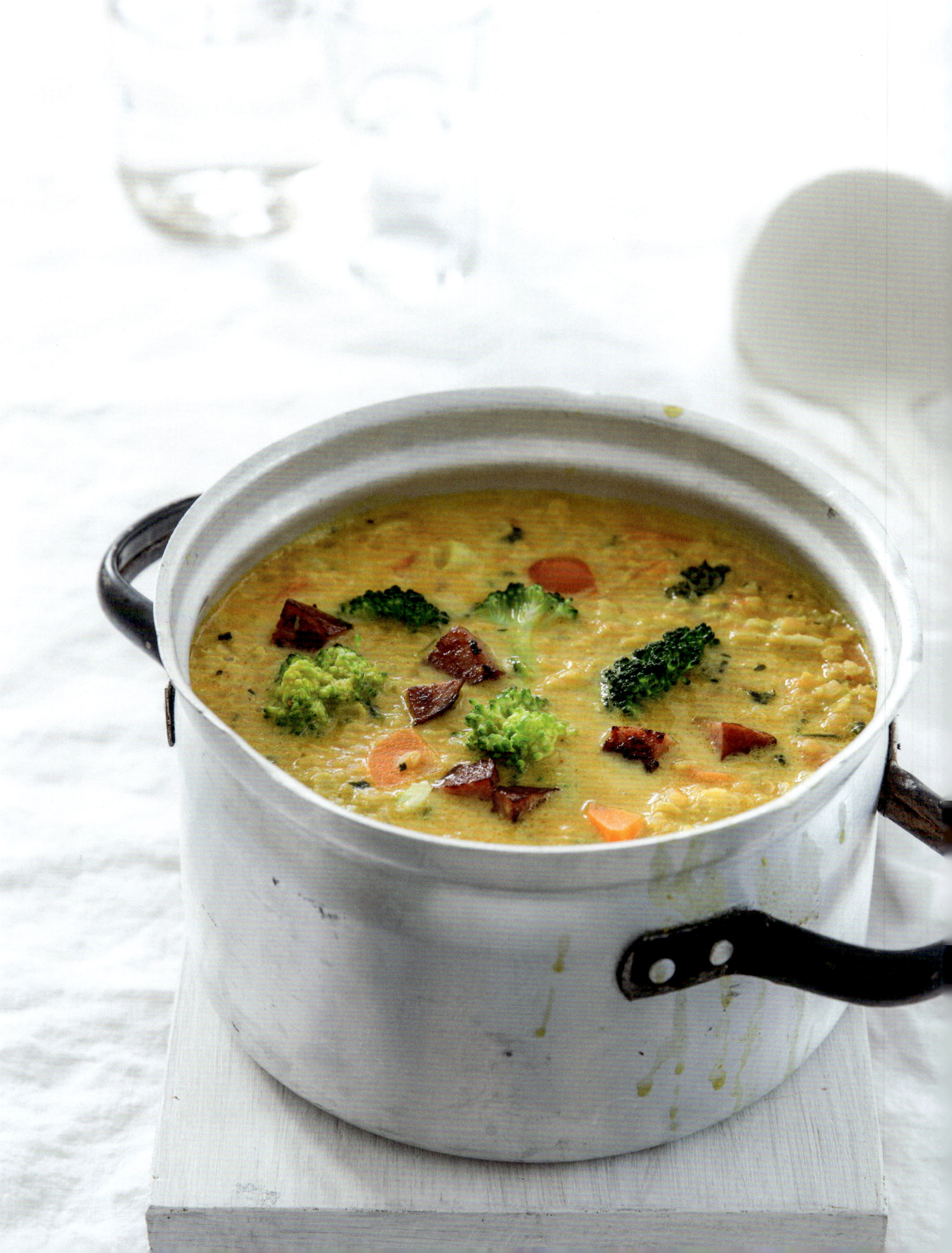

ROTE-LINSEN-
EINTOPF
FÜR 4 PORTIONEN

ZUTATEN

1 BUND SUPPENGEMÜSE

1 ZWIEBEL

3 EL OLIVENÖL

1 TL KREUZKÜMMEL

2 EL GELBE CURRYPASTE

250 G ROTE LINSEN

1 L GEMÜSEBRÜHE

500 ML KOKOSMILCH

400 G CABANOSSI

500 G BROKKOLI

500 G TOMATEN

1 EL WEISSER BALSAMICO-ESSIG

SALZ

PFEFFER

ZUBEREITUNGSZEIT

45 MINUTEN

Das Suppengemüse putzen, waschen und in kleine Würfel schneiden. Die Zwiebel schälen und fein hacken.

Das Olivenöl in einem Topf erhitzen und die Zwiebel darin glasig andünsten. Gewürfeltes Suppengemüse zugeben und 5 Minuten mit anschmoren. Mit Kreuzkümmel und gelber Currypaste würzen. Linsen abspülen, dazugeben und weitere 5 Minuten mitdünsten.

Mit der Gemüsebrühe ablöschen, die Kokosmilch zugießen und alles im zugedeckten Topf 15 Minuten bei mittlerer Hitze köcheln lassen.

Inzwischen die Cabanossi in Scheiben schneiden, den Brokkoli putzen, waschen und in kleine Röschen teilen. Die Tomaten waschen, halbieren, Kerne entfernen und das Fruchtfleisch in kleine Würfel schneiden. Alles mit in den Topf geben, 5 Minuten durchschmoren lassen und zum Schluss mit Balsamico-Essig, Salz und Pfeffer abschmecken.

– TIPP –

DIE SELBST GERÖSTETEN NÜSSE (REZEPT S. 25) ODER GESALZENE ERDNÜSSE KLEIN HACKEN UND ÜBER DEN EINTOPF STREUEN.

PIKANTER BLUMENKOHL
AUS DEM OFEN

FÜR 4 PORTIONEN

ZUTATEN

1 BLUMENKOHL (CA. 800 G)

6 ZWIEBELN

6 EL OLIVENÖL

SALZ

1 MESSERSPITZE CAYENNE-

PFEFFER

30 G (CA. 3 EL) SESAMSAMEN

ZUM BESTREUEN

FÜR DIE SESAMSAUCE

1 KNOBLAUCHZEHE

3 EL ZITRONENSAFT

1 TL SESAMPASTE (TAHIN)

1 PRISE ZUCKER

3 EL OLIVENÖL

SALZ

2 EL GEHACKTE PETERSILIE

ZUBEREITUNGSZEIT

40 MINUTEN

Ofen auf 200 °C Ober-/Unterhitze vorheizen.

Den Blumenkohl von den Blättern befreien, gründlich waschen und in kleine Röschen teilen. Den Strunk klein würfeln. Zwiebeln schälen, halbieren und in feine Streifen schneiden. Blumenkohl und Zwiebelstreifen in eine Schüssel geben, mit 6 Esslöffeln Olivenöl mischen, salzen und ganz vorsichtig dosiert den Cayennepfeffer dazugeben und nochmals gut vermischen.

Das Backblech leicht einfetten oder mit Backpapier belegen. Blumenkohl und Zwiebeln darauf verteilen, in der Mitte des Ofens 20 Minuten backen, wenden und nochmals 10 Minuten backen.

In der Zwischenzeit die Sesamsamen in einer kleinen Pfanne ohne Fett goldbraun rösten und beiseite stellen.

Für die Sesamsauce die Knoblauchzehe schälen und sehr fein hacken. Den Zitronensaft mit dem Knoblauch, der Sesampaste, dem Zucker und dem Olivenöl gut durchmischen und nach Geschmack salzen. Zum Schluss die Petersilie unter die Paste heben.

Den Blumenkohl aus dem Ofen nehmen, mit den gerösteten Sesamsamen bestreuen und dazu die Sesamsauce servieren. Dazu passen gebratenes Huhn und griechischer Joghurt.

WINTERLICHE BOWL
MIT GRANATAPFEL-KERNEN

FÜR 4 BOWLS

ZUTATEN

1 SÜSSKARTOFFEL

SALZ

¼ ROTKOHL

2 EL WEISSWEIN-ESSIG

1 PRISE ZUCKER

300 G SUSHI-REIS

1 AVOCADO

1 GURKE

1 BUND FRÜHLINGSZWIEBELN

1 GRANATAPFEL

250 G EDAMAME (SOJABOH-NENSCHOTEN, TK)

50 G SESAMSAMEN

2 HÄHNCHENBRUSTFILETS

8 EL TERIYAKI-SAUCE

2 EL OLIVENÖL

4 EL CHILIMAYONNAISE (REZEPT S. 153)

2 EL GERÖSTETE ERDNÜSSE

EINIGE BLÄTTER FRISCHER KORIANDER

ZUBEREITUNGSZEIT

40 MINUTEN

Für die Bowl die Süßkartoffel in einem Topf in gesalzenem Wasser 25 bis 30 Minuten gar kochen. Anschließend abkühlen lassen, schälen und in Würfel schneiden. Den Rotkohl in sehr feine Scheiben schneiden, mit dem Weißwein-Essig, ½ TL Salz und einer Prise Zucker würzen, gut mischen und einweichen.

Den Sushi-Reis nach Packungsanleitung zubereiten.

In der Zwischenzeit die Avocado halbieren, den Kern vorsichtig entfernen und das Fruchtfleisch in der Schale in feine Scheiben schneiden. Die Gurke schälen und in kleine mundgerechte Stücke würfeln. Die Frühlingszwiebeln putzen und in feine Ringe schneiden. Den Granatapfel halbieren und die Kerne herauslösen.

Edamame 4 bis 5 Minuten in gesalzenem Wasser kochen, herausnehmen und kalt abschrecken. Die Sesamsamen in einer beschichteten Pfanne kurz ohne Fett rösten.

Hähnchenbrustfilets in kleine Stücke oder Streifen schneiden, mit 4 TL Teriyaki-Sauce mischen und in Olivenöl braten.

Den fertigen Sushi-Reis auf Schalen verteilen. Hähnchenbrustfiletstreifen und alle anderen Zutaten im Kreis in der Schale anrichten. Mit Chilimayonnaise und den restlichen 4 EL Teriyaki-Sauce würzen.

Die Erdnüsse klein hacken, mit den Sesamsamen über die Bowl streuen und mit frischen Korianderblättchen dekorieren.

SÜSSKARTOFFELN
MIT SPINAT, FETAKÄSE UND PINIENKERNEN

FÜR 4 PORTIONEN

ZUTATEN

2 SÜSSKARTOFFELN À CA. 400 G
SALZ
2 SCHALOTTEN
1 KNOBLAUCHZEHE
250 G BLATTSPINAT
OLIVENÖL ZUM BRATEN
50 G PINIENKERNE
200 G FETAKÄSE
1 TOMATE
1 ZWEIG THYMIAN
PFEFFER

ZUBEREITUNGSZEIT
1 STUNDE

Süßkartoffeln in Salzwasser ca. 30 Minuten gar kochen.

Backofen auf 200 °C Ober-/Unterhitze vorheizen.

Inzwischen für die Garnitur die Schalotten und die Knoblauchzehe schälen und fein würfeln. Den Spinat waschen und trocken schleudern. Olivenöl in einer Pfanne erhitzen, Schalotten und Knoblauch kurz andünsten. Den Spinat dazugeben und zusammenfallen lassen.

Pinienkerne in einer kleinen Pfanne ohne Fett bei geringer Hitze goldgelb rösten. Fetakäse in kleine Würfel schneiden. Tomate waschen, entkernen und fein würfeln. Thymianzweig waschen, trocken schütteln und Blättchen abzupfen. Alles zusammen in eine Schüssel geben, Spinat unterheben, salzen, pfeffern und gut durchmischen.

Die Süßkartoffeln nach Ende der Garzeit abgießen, etwas abkühlen lassen und längs halbieren. Süßkartoffelhälften mit der Schnittfläche nach oben in eine Auflaufform legen. Spinatmischung auf die Kartoffelhälften geben und in der Mitte des heißen Ofens 20 Minuten überbacken.

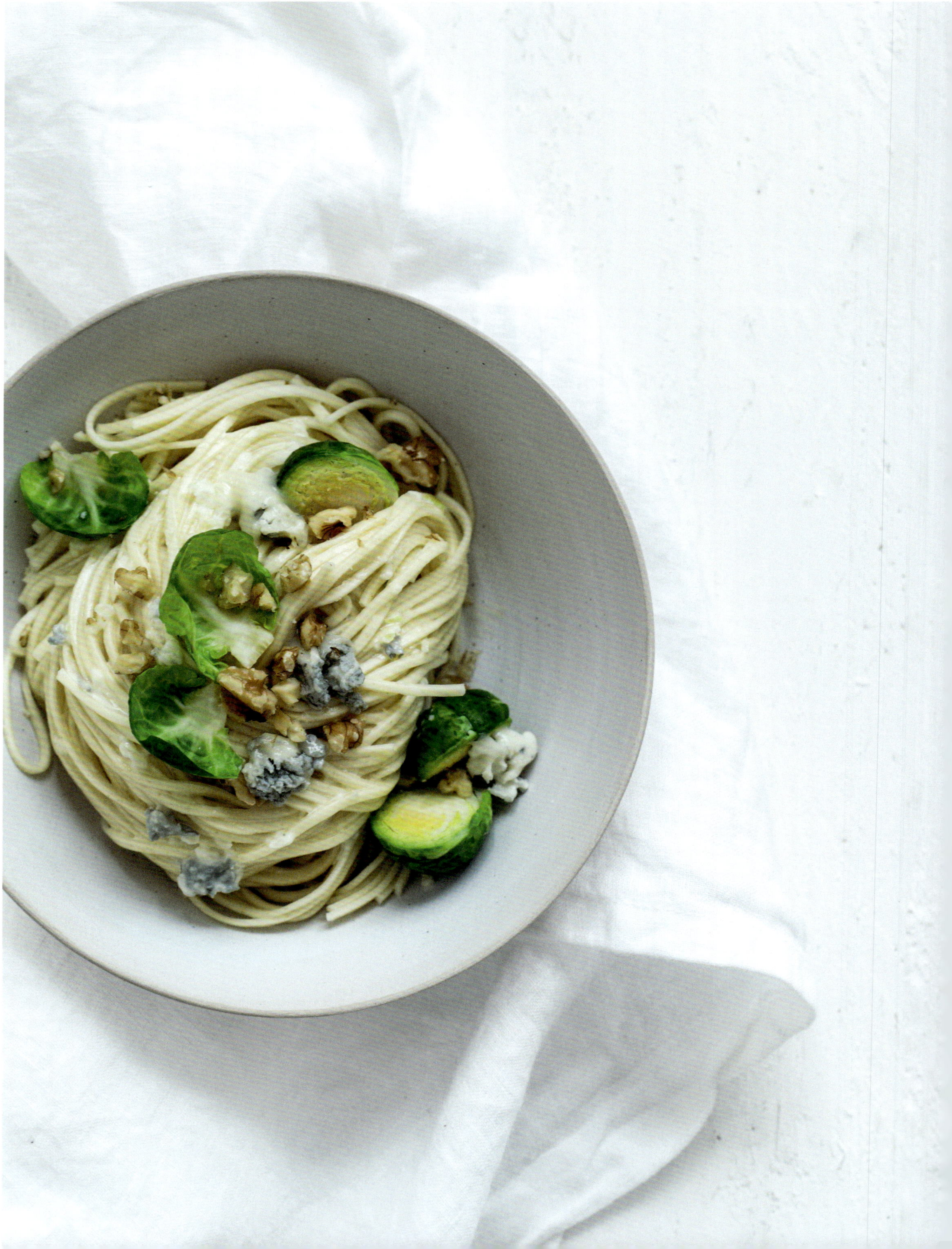

PASTA
MIT ROSENKOHL, GORGONZOLA UND WALNÜSSEN

FÜR 4 PORTIONEN

ZUTATEN

400 G ROSENKOHL
SALZ
400 G NUDELN
1 ZWIEBEL
1 KNOBLAUCHZEHE
1 EL BUTTER ZUM BRATEN
200 ML BRÜHE
250 G SAHNE
200 G GORGONZOLA
PFEFFER
50 G GEHACKTE WALNÜSSE

ZUBEREITUNGSZEIT

30 MINUTEN

Den Rosenkohl putzen, waschen, in einen Topf geben, mit Wasser bedecken, salzen und 10 bis 15 Minuten in leicht sprudelndem Wasser garen. Das Wasser abgießen und den Rosenkohl in einem Sieb abtropfen lassen.

Die Nudeln nach Packungsanweisung in Salzwasser bissfest garen, anschließend in einem Sieb gut abtropfen lassen.

Inzwischen die Zwiebel und die Knoblauchzehe schälen und jeweils in kleine Würfel schneiden. Butter in einer tiefen Pfanne oder in einem Topf schmelzen und die Zwiebel- und Knoblauchwürfel darin bei mittlerer Hitze anschwitzen. Mit Brühe ablöschen, Sahne dazugießen und ca. 5 Minuten leicht köcheln lassen.

Den Gorgonzolakäse in kleine Stücke schneiden, zur Sahnemischung geben und schmelzen lassen. Die Sauce mit Salz und Pfeffer abschmecken.

Nudeln und Rosenkohl zur Gorgonzolasauce geben, gut vermischen und mit gehackten Walnüssen bestreut servieren.

INNERE BALANCE
GEFRORENE GLIEDER
WINTERLICHE EINHEIT
KULINARISCHE VIELFALT

VOM DER HEISSEN SUPPE BIS ZUM ZUCKERSÜSSEN DESSERT

Die Natur zeigt der Welt ihre geheimnisvolle wie
kalte, ihre zerbrechliche wie zehrende Seite. So
schön der Winter auch ist, wir müssen ihm gewach-
sen sein. Das beste Mittel, um Körper und Seele
warm zu halten, sind ausgewählte Rezepte, eine
ausgewogene Ernährung, die richtigen Zutaten,
ausgefallen kombiniert. Der Genuss von regionalem
und saisonalem Obst und Gemüse stärkt die Ab-
wehr, schützt das Immunsystem und macht fit im
Winter. Draußen geht das Licht aus und drinnen
die Kerzen an. Gemütlichkeit hält Einzug. Der Tisch
wird schön gedeckt, die Gäste kommen, leise er-
klingt Musik und durch das Fenster sehen wir, wie
sich ganz langsam eine große weiße Decke über
die Stadt legt. Was für ein Geschenk! Im Norden wie
im Süden, im Osten wie im Westen.

DER WIND ZIEHT UM DIE
HÄUSER, DIE KÄLTE ZAUBERT
ZARTE BLUMEN AUF UNSERE
FENSTER.

EIN WEISSES BLATT IST IN
DER GESTALTUNG HÄUFIG DER
ANFANG SOWIE DAS HERZSTÜCK
VON ALLEM. UND ZUMEIST DAS,
WAS AM STÄRKSTEN DARÜBER
ENTSCHEIDET, WIE EINE SEITE
IM GESAMTEN WIRKT.

VERA SCHÄPER, DESIGNERIN

EIN
NACHMITTAG

AM
KAMIN

|

FÜR GESELLIGES GENIESSEN

GLÜHWEIN
MIT CRANBERRY-SAFT
FÜR 4 BECHER

ZUTATEN

½ L TROCKENER ROTWEIN

¼ L CRANBERRYSAFT

6 GEWÜRZNELKEN

3 ZIMTSTANGEN

2 STERNANIS

100 G KANDIS

1 UNBEHANDELTE ORANGE

50 ML KIRSCHWASSER

ZUBEREITUNGSZEIT

25 MINUTEN

Den Rotwein mit dem Cranberrysaft, den Gewürzen und dem Kandis in einem Topf langsam erhitzen. Die Orange heiß abspülen, trocken reiben, in Scheiben schneiden und mit in den Topf geben.

Den Glühwein 15 Minuten ziehen lassen, dabei sollte er nicht kochen.

Zum Schluss das Kirschwasser zugeben und den Glühwein auf die Becher verteilen. Gewürze und Orangenscheiben nach Geschmack entfernen oder in den Gläsern lassen.

– TIPP –
ZUR DEKORATION FRISCHE CRANBERRYS
IN DEN GLÜHWEIN GEBEN.

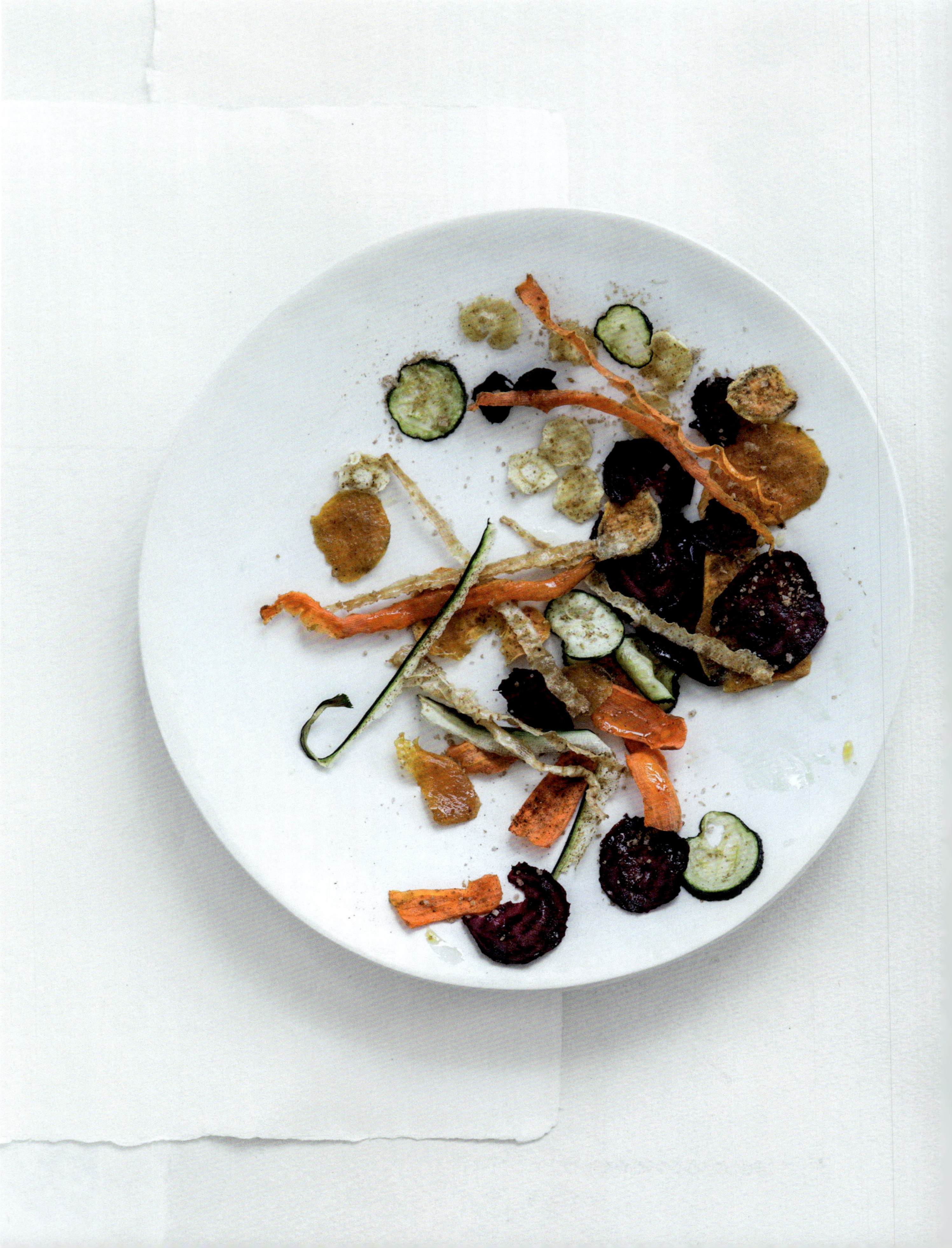

GEMÜSECHIPS
AUS DEM OFEN
FÜR 4 PORTIONEN

ZUTATEN

1 KAROTTE

1 ROTE-BETE-KNOLLE

1 SÜSSKARTOFFEL

1 PASTINAKE

1 ZUCCHINI

100 ML OLIVENÖL

1 TL MEERSALZ

1 TL RAS EL-HANOUT
(GEWÜRZMISCHUNG)

PFEFFER

AUSSERDEM

GEMÜSEHOBEL

ZUBEREITUNGSZEIT

20 MINUTEN

BACKZEIT

45 MINUTEN

Den Backofen auf 140 °C Ober-/Unterhitze vorheizen.

Karotte, Rote Bete, Süßkartoffel und Pastinake schälen. Die Zucchini waschen und trocknen. Das Gemüse mit einem Gemüsehobel in Scheiben schneiden. Das Olivenöl mit Meersalz, Ras el-Hanout, Pfeffer und den Gemüsescheiben in einer Schüssel vermengen.

Ein Backblech mit Backpapier auslegen, das Gemüse darauf verteilen, in die Mitte des Backofens schieben, 40 bis 45 Minuten backen und zwischendurch immer wieder wenden. Während des gesamten Backens sollte ein Holzkochlöffel in der Ofentür klemmen, damit die Feuchtigkeit entweichen kann und die Chips knusprig werden.

Gemüse aus dem Ofen nehmen und auf einem Grillrost abkühlen und trocknen lassen.

– TIPP –

ROSMARIN, THYMIAN, CHILIFLOCKEN,
CURRYPULVER ODER PAPRIKAPULVER
PASSEN ALS VARIANTE AUCH SEHR GUT
ALS GEWÜRZE ZU GEMÜSECHIPS.

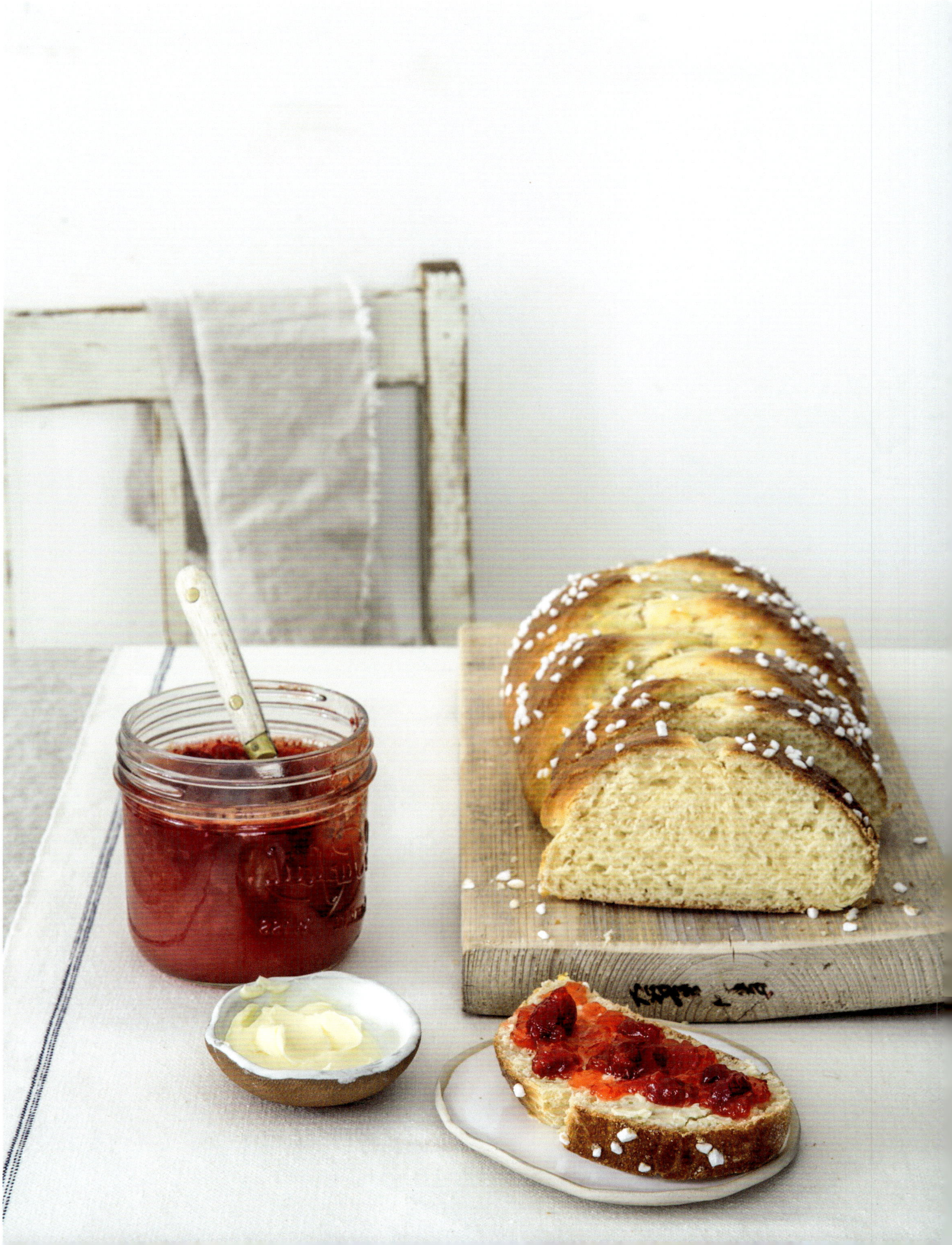

HEFEZOPF
MIT ORANGEN-CRANBERRY-MARMELADE
FÜR EINEN HEFEZOPF

ZUTATEN

175 ML VOLLMILCH

60 G WEICHE BUTTER

500 G MEHL

60 G ZUCKER

1 PRISE SALZ

1 PÄCKCHEN TROCKENHEFE

2 EIER

50 G QUARK (20 %)

1 EIGELB

1 TL WASSER

2 EL HAGELZUCKER

ZUBEREITUNGSZEIT

15 MINUTEN

GEHZEIT INSGESAMT

2 STUNDEN

BACKZEIT

25 MINUTEN

Die Milch mit der Butter in einem Topf hand- bzw. lauwarm erwärmen.

In der Zwischenzeit Mehl mit Zucker, Salz und Trockenhefe gut mischen. Die lauwarme Milch, die Eier und den Quark dazugeben und zu einem geschmeidigen Teig verkneten. Anschließend zu einer Kugel formen und in einer Schüssel mit einem Küchentuch abgedeckt an einem warmen Ort 90 Minuten gehen lassen.

Die Teigkugel aus der Schüssel nehmen, noch einmal gut durchkneten und in 3 gleich große Portionen teilen. Diese jeweils zu ca. 40 cm langen Rollen formen und daraus einen Zopf flechten.

Auf einem mit Backpapier ausgelegtem Backblech platzieren, mit einem Tuch abdecken und nochmals 30 Minuten an einem warmen Ort gehen lassen.

Zwischenzeitlich den Ofen auf 200 °C Ober-/Unterhitze vorheizen.

Das Eigelb mit dem Wasser verrühren, den Hefezopf damit bestreichen und zum Schluss gleichmäßig mit Hagelzucker betreuen.

In der Mitte des heißen Ofens 20 bis 25 Minuten backen, abkühlen lassen und noch lauwarm mit Orangen-Cranberry-Marmelade (Rezept S. 145) servieren.

ORANGEN-CRANBERRY-
MARMELADE

FÜR CA. 900 ML

ZUTATEN

100 G CRANBERRYS

1 VANILLESCHOTE

2 STERNANIS

1 ZIMTSTANGE

ETWAS GERIEBENE TONKA-

BOHNE

600 ML FRISCH GEPRESSTER

BLUTORANGENSAFT

250 G GELIERZUCKER (3:1)

AUSSERDEM

GLÄSER ZUM ABFÜLLEN

ZUBEREITUNGSZEIT

25 MINUTEN

Die gewaschenen Cranberrys mit der längs aufgeschnittenen Vanilleschote sowie dem Sternanis, der Zimtstange, etwas geriebener Tonkabohne und dem Blutorangensaft in einen Topf geben.

Den Gelierzucker einrieseln lassen. Die Mischung unter Rühren zum Kochen bringen und ca. 4 Minuten (bzw. wie auf der Packungsanleitung des Gelierzuckers angegeben) sprudelnd einkochen lassen.

Sternanis, Vanilleschote und Zimtstange herausnehmen. Die Marmelade in saubere, sterilisierte Gläser abfüllen.

– TIPP –

WER ES BITTER MAG, KANN MIT EINEM
SCHUSS CAMPARI WÜRZEN.

HEISSE SCHOKOLADE
MIT MARSHMALLOWS
FÜR 4 TASSEN

ZUTATEN

500 ML VOLLMILCH

100 ML SAHNE

1 VANILLESCHOTE

60 G ZUCKER

50 G KAKAOPULVER

100 G ZARTBITTERSCHOKOLADE

100 G VOLLMILCHSCHOKOLADE

1 MESSERSPITZE KARDAMOM

1 PRISE FLEUR DE SEL

24 MINI-MARSHMALLOWS

ZUBEREITUNGSZEIT

15 MINUTEN

Milch und Sahne in einem Topf erhitzen. Die Vanilleschote längs aufschneiden und mit dem Zucker und dem Kakaopulver in den Topf geben.

In der Zwischenzeit die Schokolade grob hacken und unter ständigem Rühren in der warmen Milch schmelzen lassen.

Vanilleschote herausnehmen, heiße Schokolade mit einer Messerspitze Kardamom und einer Prise Fleur de Sel würzen.

Heiß in Tassen füllen und mit je 6 Mini-Marshmallows garnieren.

– TIPP –

ZUCKERSTANGEN MIT MINZGESCHMACK GEBEN DEM KAKAO EIN BESONDERES AROMA. EINFACH IN DIE BECHER HÄNGEN ODER LEGEN.

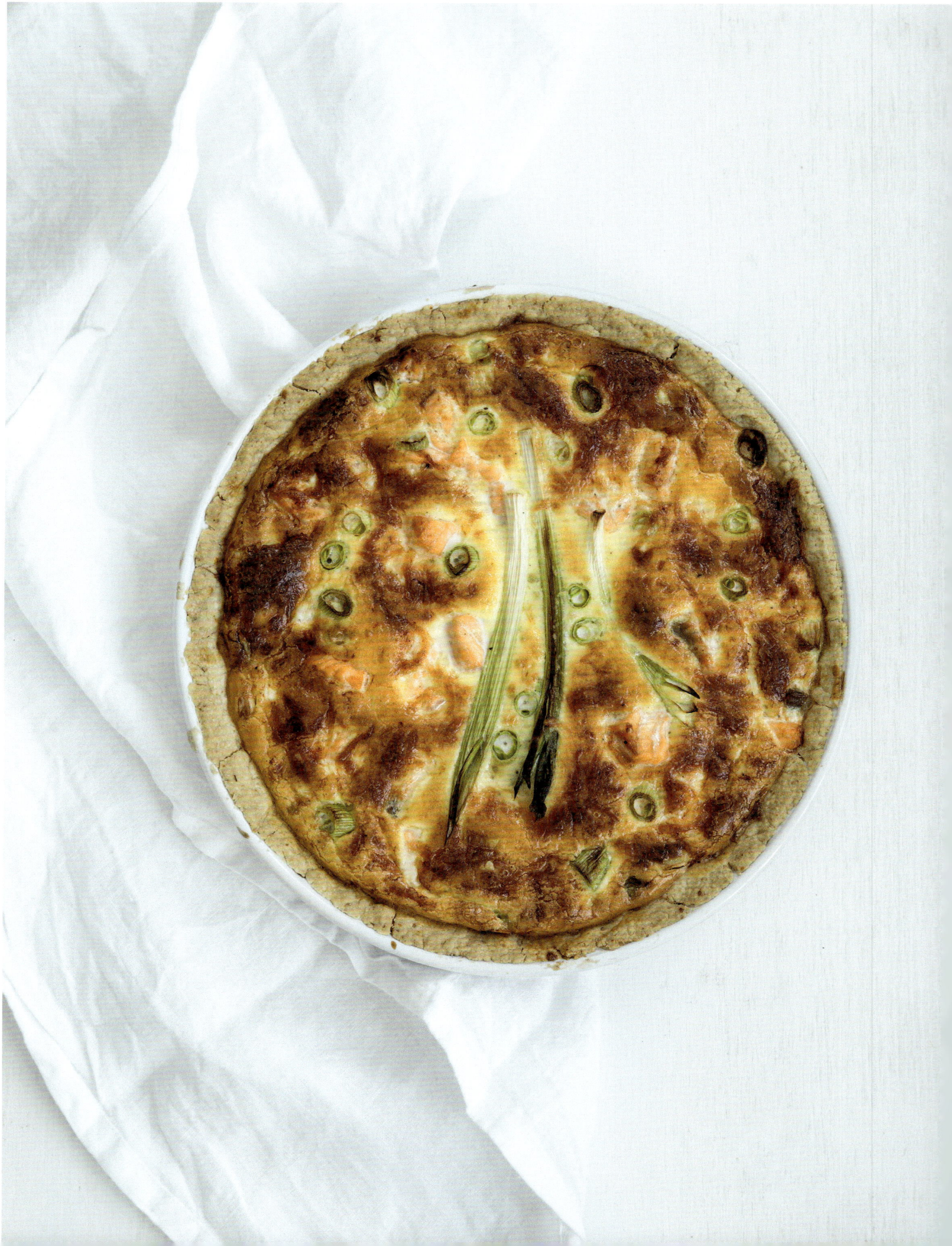

QUICHE
MIT LACHS UND LAUCHZWIEBELN
FÜR 8 STÜCKE

ZUTATEN

250 G MEHL

1 TL SALZ

125 G GEWÜRFELTE BUTTER

1 EIGELB

1 EL EISKALTES WASSER

3 BUND FRÜHLINGSZWIEBELN

1 EL OLIVENÖL

250 G SAHNE

2 EIER

SALZ

PFEFFER

GEMAHLENE VANILLE

250 G FRISCHER LACHS

150 G GERASPELTER EMMEN-
TALER

BUTTER UND MEHL FÜR DIE
TARTEFORM

AUSSERDEM

SPRING- ODER TARTEFORM,
26 CM DURCHMESSER

ZUBEREITUNGSZEIT

1 STUNDE

KÜHLZEIT

1 STUNDE

Das Mehl mit dem Salz in einer Schüssel mischen. Die Butterwürfel und das Eigelb dazugeben, mit einem Esslöffel eiskaltem Wasser verkneten und zu einem glatten Teig verarbeiten. 1 Stunde in Frischhaltefolie verpackt im Kühlschrank ruhen lassen.

In der Zwischenzeit die Frühlingszwiebeln putzen, waschen, in feine Ringe schneiden und in einer beschichteten Pfanne in Olivenöl andünsten.

Die Sahne mit den 2 Eiern in einer Schüssel verquirlen, mit Salz, Pfeffer und gemahlener Vanille würzen. Den Lachs in kleine Stücke schneiden und in die Ei-Sahne-Mischung geben. Den geraspelten Käse unterheben.

Backofen auf 180 °C Ober-/Unterhitze vorheizen.

Die Tarteform ein wenig ausbuttern und mit etwas Mehl bestäuben. Den Teig ausrollen und in die Form legen, Ränder andrücken. Die Frühlingszwiebeln auf dem Teig verteilen und mit der Ei-Sahne-Mischung begießen.

Die Quiche in die Mitte des heißen Backofens schieben und 35 bis 40 Minuten backen.

Dazu passt Salat.

– TIPP –
DIE QUICHE SCHMECKT AUCH OHNE LACHS Z.B. MIT
GEKOCHTEM SCHINKEN ODER GANZ SOLO
MIT EINER HANDVOLL GEMISCHTEM GEMÜSE.

BURGER
MIT SELBSTGEMACHTEM ZWIEBELCONFIT
FÜR 4 BURGER

ZUTATEN

1 ZWIEBEL

400 G RINDERHACK

SALZ

PFEFFER

1 EL MITTELSCHARFER SENF

3 EL SONNENBLUMENÖL

50 G RUCOLA

1 GROSSE TOMATE

4 BURGER-BRÖTCHEN

4 TL CHILIMAYONNAISE

4 TL KETCHUP

4 EL ZWIEBELCONFIT

ZUBEREITUNGSZEIT

20 MINUTEN

Die Zwiebel schälen, sehr fein hacken und in einer Schüssel mit dem Rinderhack vermengen. Mit Salz, Pfeffer und Senf würzen, alles gut verkneten und zu vier flachen Hackfle sch-Pattys formen. Sonnenblumenöl in einer Pfanne erhitzen und das Fleisch von jeder Seite 4 bis 5 Minuten braten.

In der Zwischenzeit den Rucola und die Tomate waschen und trocknen. Die Tomate in Scheiben schneiden.

Burger-Brötchen aufschneiden. Die oberen Hälften gleichmäßig mit je 1 TL Chilimayonnaise bestreichen. Die unteren Hälften mit jeweils 1 TL Ketchup bestreichen und mit einigen Blättern Rucola, einer Scheibe Tomate, den Hackfleisch-Pattys und reichlich Zwiebelconfit belegen. Die oberen Brötchenhälften darauflegen.

– TIPP –
CHILIMAYONNAISE, KETCHUP UND ZWIEBELCONFIT SCHMECKEN SELBST GEMACHT NOCH BESSER (REZEPTE S. 153, 154, 155).

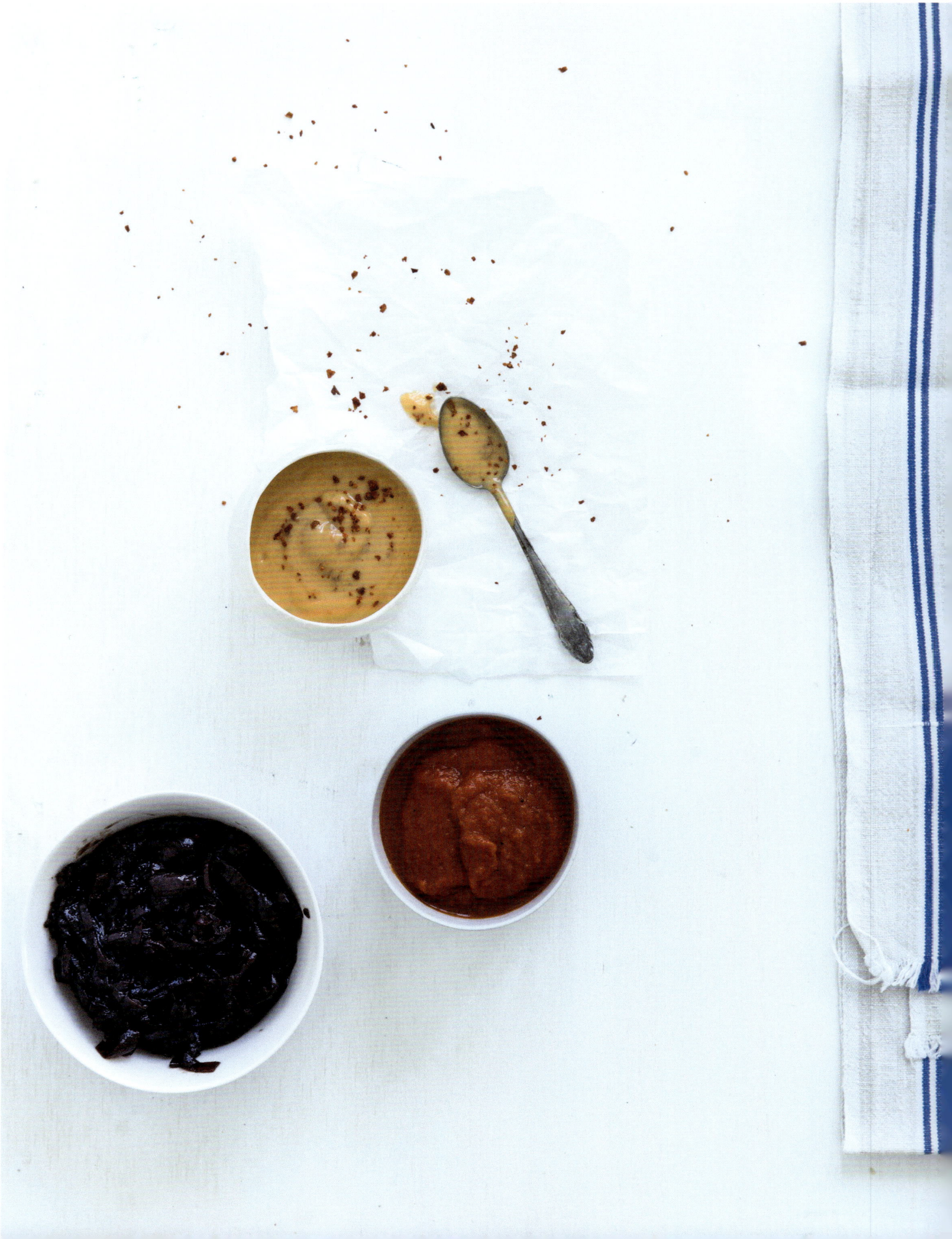

CHILIMAYONNAISE
ALS DIP

FÜR 300 ML

ZUTATEN

2 EIGELB (GRÖSSE M)

1 TL MITTELSCHARFER SENF

250 ML SONNENBLUMENÖL

1 EL ZITRONENSAFT

1 EL CHILISAUCE

1 TL SOJASAUCE

SALZ

PFEFFER

ZUBEREITUNGSZEIT

10 MINUTEN

Eigelbe und Senf in einer Schüssel mit einem Schneebesen kräftig aufschlagen. Langsam das Sonnenblumenöl in einem feinen Strahl zugießen, dabei durchgehend weiterschlagen, bis sich eine cremige Masse gebildet hat.

Den Zitronensaft zugeben und untermischen.

Die Mayonnaise mit Chili- und Sojasauce würzen und mit Salz und Pfeffer abschmecken.

– TIPP –

SELBSTGEMACHTE MAYONNAISE LÄSST SICH
VIELFÄLTIG VARIIEREN: MIT CURRY, KNOBLAUCH
ODER FRISCHEN KRÄUTERN SCHMECKT SIE ZU FISCH,
FLEISCH ODER ZU POMMES FRITES.

TOMATENKETCHUP
ALS DIP

FÜR CA. 750 ML

ZUTATEN

1 ZWIEBEL

2 KNOBLAUCHZEHEN

3 EL OLIVENÖL

1 EL ZUCKER

4 EL APFELESSIG

800 G DOSENTOMATEN

1 EL HONIG

1 TL WEISSER PFEFFER

2 TL SALZ

1 TL PAPRIKAPULVER EDELSÜSS

1 MESSERSPITZE CHILIPULVER

1 LORBEERBLATT

1 NELKE

60 ML NEUTRALES PFLANZENÖL

AUSSERDEM

PÜRIERSTAB

FLASCHEN ODER

GLÄSER ZUM ABFÜLLEN

ZUBEREITUNGSZEIT

40 MINUTEN

Die Zwiebel und die Knoblauchzehen schälen und fein würfeln.

Das Olivenöl in einem Topf erhitzen, den Zucker darin leicht karamellisieren und die Zwiebel- und Knoblauchwürfel darin glasig anschwitzen. Mit Apfelessig ablöschen und die Dosentomaten mit dem Saft zugeben. Mit Honig, Pfeffer, Salz, Paprika- und Chilipulver würzen. Lorbeerblatt und Nelke hineingeben, alles gut verrühren und mindestens 20 Minuten leise köcheln lassen. Dabei immer wieder umrühren.

Das Lorbeerblatt und die Nelke entfernen. Mit einem Pürierstab die Tomatenmischung zu einer feinen Masse mixen. Nochmals mit Salz, Pfeffer und Zucker abschmecken und das neutrale Pflanzenöl mit dem Pürierstab untermixen. Tomatenketchup in saubere Gefäße abfüllen, abkühlen lassen und im Kühlschrank lagern.

– TIPP –

MIT 2 TEELÖFFELN CURRYPULVER HAT MAN IM HANDUMDREHEN NOCH EINE ZWEITE GESCHMACKSRICHTUNG. IM SOMMER ZUR TOMATENERNTEZEIT KANN MAN STATT DER DOSENTOMATEN AUCH 1 KG FRISCHE TOMATEN EINKOCHEN.

ZWIEBELCONFIT
ALS DIP

FÜR CA. 400 ML

ZUTATEN

500 G ROTE ZWIEBELN
2 ZWEIGE THYMIAN
100 G BRAUNER ZUCKER
100 ML WASSER
2 EL OLIVENÖL
2 LORBEERBLÄTTER
1 EL HONIG
1 TL SALZ
100 ML MILDER BALSAMICO-
ESSIG
100 ML ROTWEIN
100 ML JOHANNISBEERSAFT
FRISCH GEMAHLENER PFEFFER

AUSSERDEM
GLÄSER ZUM ABFÜLLEN

ZUBEREITUNGSZEIT
20 MINUTEN
KOCHZEIT
1 STUNDE

Zwiebeln schälen und in feine Ringe schneiden. Thymianzweige waschen.

Zucker mit 100 ml Wasser in einem Topf bei mittlerer Hitze leicht köcheln lassen, bis sich der Zucker aufgelöst hat. Olivenöl unterrühren, Zwiebelringe, Thymianzweige, Lorbeerblätter, Honig und Salz dazugeben und alles kurz aufkochen.

Mit Balsamico-Essig ablöschen. Rotwein und Johannisbeersaft zugießen, kurz aufkochen und zugedeckt rund 45 Minuten bei kleiner Flamme köcheln lassen. Zwischendurch immer wieder umrühren.

Danach den Deckel vom Topf nehmen und noch einmal 15 Minuten offen zu einer sämigen Masse eindicken lassen.

Lorbeerblätter und Thymianzweige entfernen, nochmals mit Salz und frisch gemahlenem Pfeffer abschmecken, in abgekochte Gläser füllen und verschließen.

– TIPP –
ZWIEBELCONFIT PASST AUCH
HERVORRAGEND ZU KÄSE.

RINDFLEISCHSPIESSE
MIT SOJASAUCE UND INGWER

FÜR 4 PORTIONEN

ZUTATEN

600 G RINDFLEISCH (AUS DER
HÜFTE ODER FILET)
40 G INGWER
8 EL SOJASAUCE
1 EL HONIG
4 EL OLIVENÖL
2 EL SONNENBLUMENÖL

AUSSERDEM

8 HOLZSPIESSE

ZUBEREITUNGSZEIT

30 MINUTEN

Das Rindfleisch in ca. 2 × 2 cm große Würfel schneiden. Ingwer schälen und fein reiben. Fleischwürfel, Sojasauce, Ingwer, Honig und Olivenöl in einer Schüssel gut vermischen und mindestens 20 Minuten marinieren.

In der Zwischenzeit die Holzspieße ca. 10 Minuten in Wasser einlegen.

Das Fleisch aus der Marinade nehmen, etwas abtropfen lassen und auf die Holzspieße stecken.

Spieße in einer Pfanne von allen Seiten in heißem Sonnenblumenöl braten oder auf dem Grill rundherum 2 bis 3 Minuten grillen.

Mit Salat und Mango-Chutney (Rezept S. 159) servieren.

– TIPP –
DAZU PASST AUCH WINTERSTAMPF-
GEMÜSE (REZEPT S. 87).

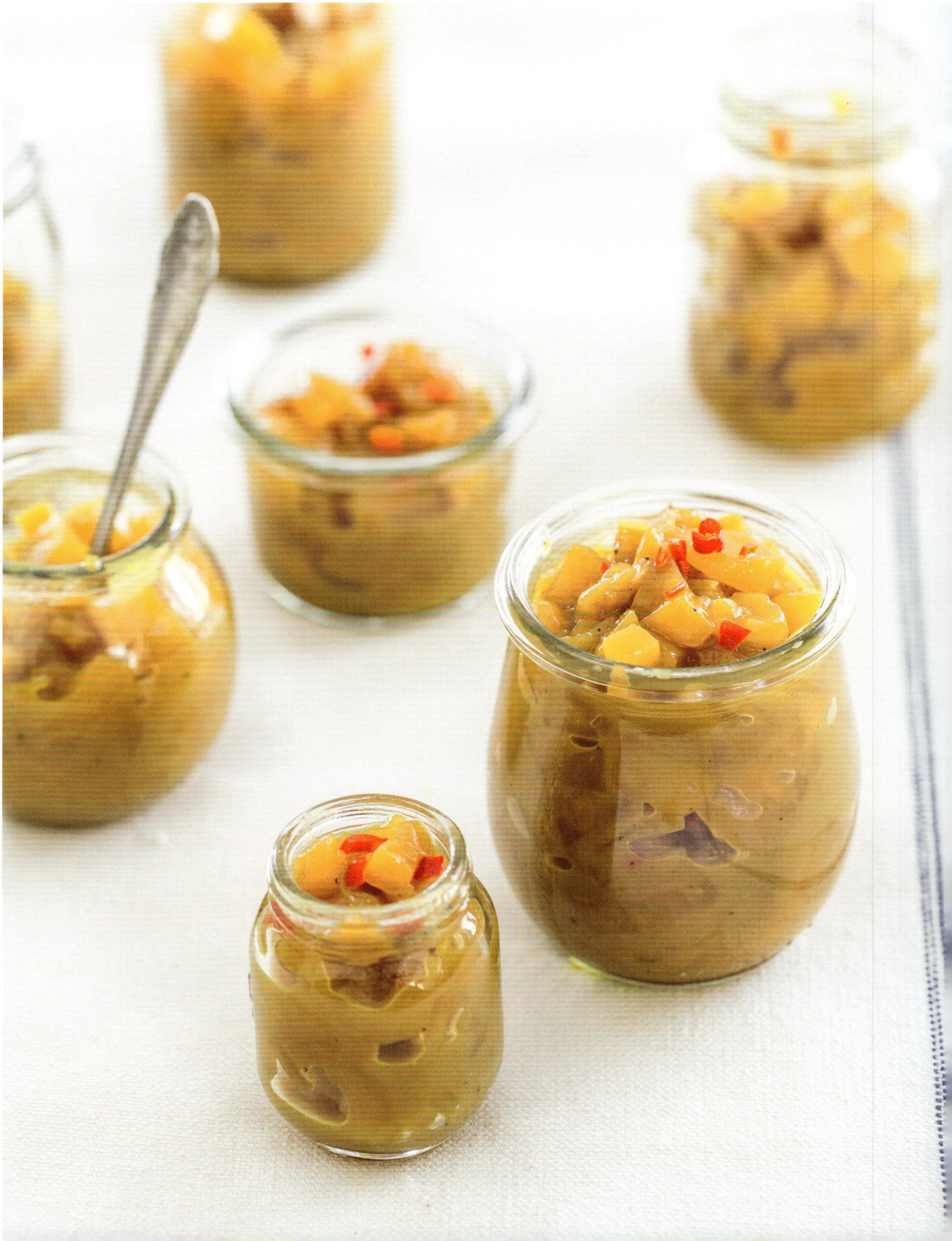

MANGO-
CHUTNEY

FÜR 1 GLAS

ZUTATEN

1 FRISCHE CHILISCHOTE

1 ROTE ZWIEBEL

20 G INGWER

1 EL ÖL

35 ML APFELESSIG

80 ML APFELSAFT

100 ML WASSER

½ TL KURKUMA

¼ TL SENFPULVER

100 G BRAUNER ZUCKER

SALZ

PFEFFER

2 REIFE MANGOS

ZUBEREITUNGSZEIT

30 MINUTEN

KÜHLZEIT

1 STUNDE

Die Chilischote längs halbieren, Kerne entfernen und Trennwände herausschneiden. Das Fruchtfleisch sorgfältig waschen und in kleine Würfel schneiden. Die Zwiebel schälen und klein hacken. Den Ingwer schälen und fein reiben.

Das Öl in einem Topf erhitzen, die Zwiebel und die Chiliwürfel darin andünsten. Mit Apfelessig, Apfelsaft und Wasser ablösen. Mit Kurkuma, Senfpulver, Zucker, Salz und Pfeffer würzen. 5 Minuten leicht köcheln lassen.

In der Zwischenzeit die Mangos schälen, das Fruchtfleisch vom Kern schneiden und klein würfeln. Mangowürfel mit in den Topf geben und 15 Minuten leicht sprudelnd köcheln lassen.

Mango-Chutney mit Salz und Pfeffer abschmecken, abkühlen lassen und im Kühlschrank mindestens 1 Stunde durchziehen lassen.

– TIPP –

MANGO-CHUTNEY SCHMECKT AUCH ZU
FONDUE ODER ZU GEGRILLTEM.

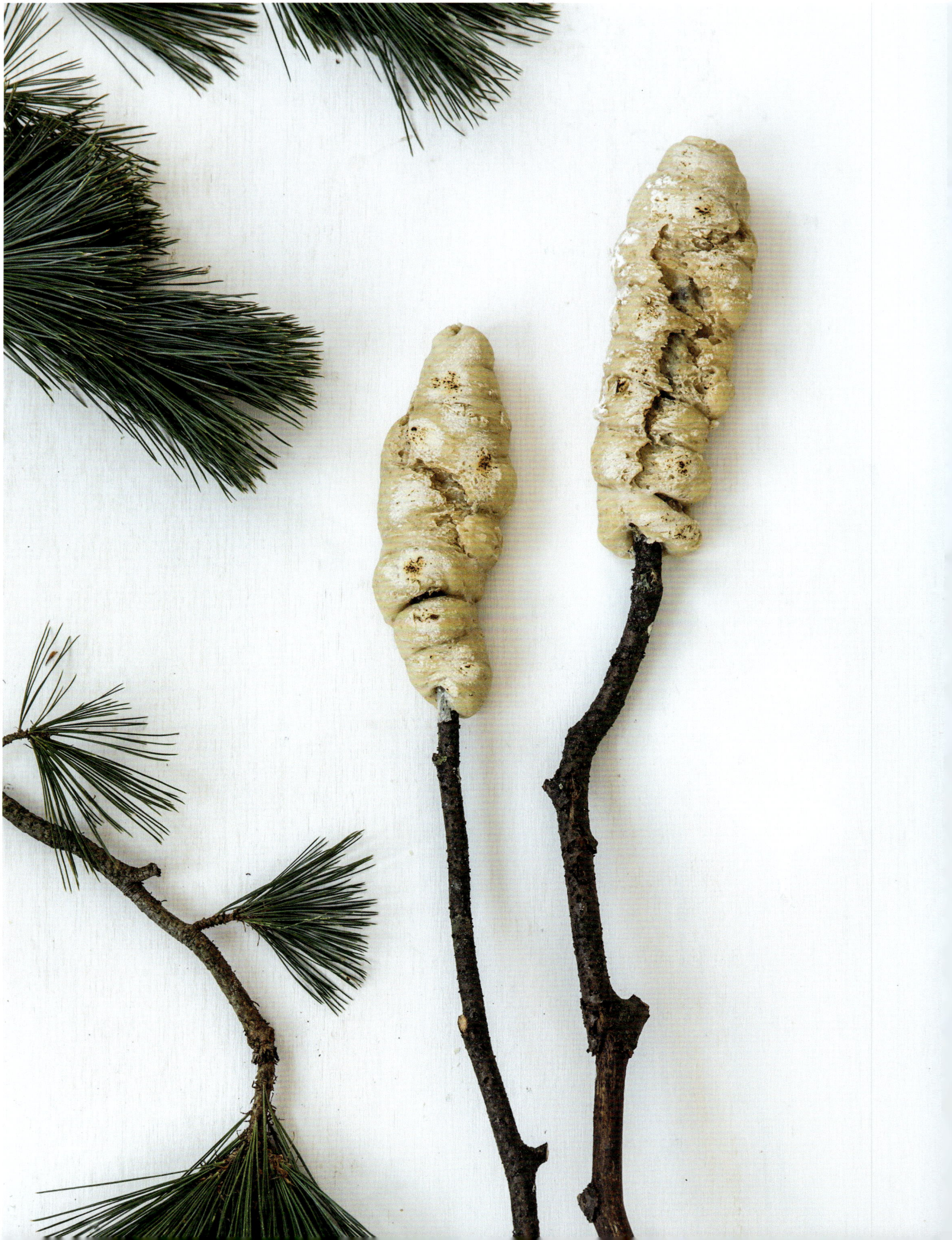

HERZHAFTES STOCKBROT
MIT PARMESAN UND THYMIANBLÄTTCHEN
FÜR 6 STOCKBROTE

ZUTATEN

300 ML LAUWARMES WASSER

1 PÄCKCHEN TROCKENHEFE

400 G MEHL

1 TL HONIG

1 TL SALZ

1 TL THYMIANBLÄTTCHEN

70 G PARMESAN

2 EL OLIVENÖL

AUSSERDEM

 6 STÖCKE EINES UNGIFTIGEN
BAUMES Z.B. VON EINER BIRKE
ODER WEIDE

ZUBEREITUNGSZEIT
15 MINUTEN

GEHZEIT
1 STUNDE

Lauwarmes Wasser in eine Schüssel geben und die Trockenhefe einrühren. Mehl, Honig, Salz, Thymianblättchen, Parmesan und Olivenöl untermischen und alles zu einem glatten Teig verkneten.

Den Teig in einer Schüssel abgedeckt an einem warmen Ort 1 Stunde gehen lassen.

Inzwischen die Holzstöcke bereitlegen und die Enden, auf denen der Teig aufgedreht werden soll, von der Rinde befreien.

Den Teig in 6 gleiche Portionen teilen und jeweils zu einem ca. 2 bis 3 cm dicken langen Strang rollen. Wie eine Spirale um den Holzstock wickeln und 10 bis 15 Minuten über das Feuer halten. Dabei die Stöcke immer wieder drehen, damit der Teig nicht anbrennt.

– TIPP –

NATÜRLICH KÖNNEN THYMIAN UND PARMESAN AUCH DURCH ANDERE GEWÜRZE ERSETZT ODER FÜR KINDER GANZ WEGGELASSEN WERDEN. WER ES LIEBER SÜSS MAG, KANN DIE HONIGMENGE VERDOPPELN UND Z.B. ETWAS ZIMT ZUM TEIG GEBEN.

ÜBER DIE AUTORINNEN

ÜBER JULIA (OBEN LINKS)

Julia widmet sich dem Essen mit großer Leidenschaft. Sie isst es, sie kocht es, sie serviert es, sie kritisiert es, sie inszeniert es und sie fotografiert es. Julia ist gelernte Fotografin und studierte Foto-Designerin. Sie hat 5 Jahre in New York gearbeitet, bis Hamburg ihr neues Zuhause wurde. Dort fotografiert sie für verschiedene Projekte rund um das Thema Essen. Darunter ist auch ihr Blog Liz&Jewels. Ihre liebsten Gäste sind ihr Mann und ihre zwei Töchter.

ÜBER SASKIA (RECHTS)

Gibt der Kühlschrank kaum noch etwas her, kennt Saskias Kreativität keine Grenzen. Im Winter experimentiert sie gerne mit typischen Gewürzen zu untypischen Gerichten: Vanille im Kipferl klar, aber im Lachs? Saskia lebt in Hamburg, hat Betriebswirtschaft studiert, entwickelt heute Rezepte, ist Ernährungsberaterin, fotografiert und schreibt aus Leidenschaft für ihren Blog Dee's Küche, der ursprünglich als erstes Kochbuch für ihre erwachsenen Kinder gedacht war.

ÜBER VERA (UNTEN)

Die Grafikdesignerin (designbüro vrej) und Dozentin aus Köln hat schon viele verschiedene Buch- und Magazinkonzepte entwickelt und bis zum Druck begleitet. Wenn es draußen kalt wird, ist gutes Essen ihr Stimmungsaufheller. Temperaturen unter 5 °C sind nichts für die Frostbeule, die im Winter gerne mal in wärmere Länder flüchtet. Und trotzdem liebt sie es, wenn über Nacht Schnee gefallen ist, sie morgens die Vorhänge aufzieht und alles so friedlich still und schön aussieht.

REGISTER

VERLAGSGRUPPE PATMOS

PATMOS
ESCHBACH
GRÜNEWALD
THORBECKE
SCHWABEN

Die Verlagsgruppe
mit Sinn für das Leben

Für die Verlagsgruppe Patmos ist Nachhaltigkeit ein
wichtiger Maßstab ihres Handelns. Wir achten daher
auf den Einsatz umweltschonender Ressourcen und
Materialien.

© 2018 Jan Thorbecke Verlag,
ein Unternehmen der Verlagsgruppe
Patmos in der Schwabenverlag AG,
Ostfildern
www.thorbecke.de

Fotos: Julia Cawley
Autorenfoto Julia: Saskia van Deelen
Autorenfoto Vera: Hanna Witte
Gestaltung: vrej designbüro
Texte: Karen Hüning
Rezepte: Saskia van Deelen
Druck: Grafisches Centrum Cuno GmbH & Co. KG, Calbe
Hergestellt in Deutschland
ISBN 978-3-7995-1290-9